Umanga Sarathchandra

Intenção de aceitação e prontidão do cliente na utilização do comércio eletrónico

Umanga Sarathchandra

Intenção de aceitação e prontidão do cliente na utilização do comércio eletrónico

Imprint

Any brand names and product names mentioned in this book are subject to trademark, brand or patent protection and are trademarks or registered trademarks of their respective holders. The use of brand names, product names, common names, trade names, product descriptions etc. even without a particular marking in this work is in no way to be construed to mean that such names may be regarded as unrestricted in respect of trademark and brand protection legislation and could thus be used by anyone.

Cover image: www.ingimage.com

This book is a translation from the original published under ISBN 978-3-659-86475-9.

Publisher:
Sciencia Scripts
is a trademark of
Dodo Books Indian Ocean Ltd. and OmniScriptum S.R.L publishing group

120 High Road, East Finchley, London, N2 9ED, United Kingdom
Str. Armeneasca 28/1, office 1, Chisinau MD-2012, Republic of Moldova, Europe
Managing Directors: Ieva Konstantinova, Victoria Ursu
info@omniscriptum.com

Printed at: see last page
ISBN: 978-620-3-37334-9

Conteúdo

Resumo

Intenção de Aceitação e Prontidão do Cliente na Utilização do Comércio Móvel

Commerce in the Air Travel Setor: Um inquérito no contexto do Sri Lanka

Sulakshani Umanga Agnus Sarathchandra

dezembro de 2015

Com o vasto desenvolvimento do sector do M-Commerce, muitas indústrias têm facilitado o desenvolvimento de uma área específica para o efeito. Esta é utilizada quer com o consumidor quer com a própria organização no desenvolvimento das suas estratégias para a nova era. Esta investigação foi realizada para discutir e analisar a "Intenção de aceitação e prontidão do cliente na utilização do comércio móvel no sector das viagens aéreas: Um inquérito no contexto do Sri Lanka". Este estudo apresentará o tema da investigação, a declaração do problema, os objectivos da investigação e a metodologia para compreender o tema da investigação. Este é identificado através da compreensão do comportamento do consumidor e da adaptação da aplicação de comércio móvel no sector das viagens aéreas. Muitas organizações de companhias aéreas estão a tentar adotar ou já adoptaram o comércio móvel nas suas operações diárias. A adaptação do consumidor difere por muitas razões e, para o sucesso da adaptação, é necessária uma estrutura exacta ou um modelo de investigação. Especialmente na discussão do sector das companhias aéreas no Sri Lanka, esta questão pode ser altamente sensível, pois estaria dependente de muitas variáveis.

Para identificar o modelo de investigação correto, foram utilizadas teorias de adaptação anteriores para compreender a aceitação e a prontidão da aplicação móvel pelos consumidores. A partir das variáveis que estão a ser utilizadas, foi criado um método para as incorporar no sector das companhias aéreas do Sri Lanka. Para tal, é necessário ter em conta a compreensão das variáveis e as suas relações com a aceitação do consumidor. Por conseguinte, a atenção dada à investigação já realizada seria útil no processo contínuo de elaboração da hipótese correta.

Nesta investigação, foi utilizado um questionário como fonte de dados primários e foram utilizados vários dados secundários relacionados com a elaboração do quadro e a comprovação da hipótese. O questionário, por si só, não era suficiente para prestar atenção aos principais pontos de relação com o cliente (agências de venda de bilhetes) e entrevistá-los daria uma ideia-chave sobre o que os clientes exigiram e solicitaram às companhias aéreas, tanto a nível de voo como a nível organizacional. Esta dissertação abordará o tema da investigação, a sua história na literatura e o modelo de investigação que será provado e a metodologia de prova

Capítulo 1

Introdução

1.1 Antecedentes do estudo

A tecnologia móvel tem vindo a ganhar uma grande popularidade como canal de distribuição para vários sectores. Este produto, que no início dos seus vinte anos de história era ainda imaturo tanto em termos de produtividade como de serviço, atingiu hoje uma atração notável e a importância de uma penetração mundial de utilizadores. Hoje em dia, alcançou uma atração notável e a importância de uma penetração mundial de utilizadores. Em todo o planeta, os produtos de tecnologia móvel e os seus serviços estão a ser utilizados pelos consumidores em quase todos os segmentos de mercado possíveis. Quer se trate de uma abordagem psicográfica, geográfica ou demográfica, esta simples telecomunicação de voz transformou-se num canivete suíço digital capaz de oferecer aos utilizadores serviços que satisfazem as suas necessidades ao máximo.

É consensual que este dispositivo tem um impacto significativo no mercado. À medida que a tecnologia melhora, o mesmo acontece com as necessidades dos clientes. Por isso, as estratégias de marketing que envolvem este dispositivo têm de responder rápida e eficazmente a essas mudanças, o que é essencial para qualquer organização.

O M-Commerce é difícil de definir e pode ser interpretado de várias formas. Isto deve-se ao facto de o M-Commerce ser um fenómeno relativamente novo e de existirem várias definições do mesmo. O M-Commerce pode ser definido como "todas as actividades relacionadas com uma (potencial) transação comercial conduzida através de redes de comunicação que fazem interface com dispositivos sem fios". Outra definição de M-Commerce é "a utilização de dispositivos sem fios para comunicar, interagir e efetuar transacções através de comunicações de alta velocidade para a Internet" (Shuster, 2001). Angsana (2002) salienta três elementos do M-Commerce - uma gama de actividades, dispositivos e tipos de rede - e define o M-Commerce como "todas as transacções electrónicas (por exemplo, interação de comunicação, compra, pagamento) que utilizam a ligação de um dispositivo sem fios com dados à Internet ou à rede privada de um vendedor".

No entanto, o verdadeiro valor do M-Commerce reside na sua capacidade de concretizar a enorme oportunidade de negócio e de abordar as questões relacionadas com o estilo de vida que prevalecem num mundo consciente, hiper-eficiente e "sempre ligado". Os valores móveis ou m-value significam o valor resultante da mobilidade do novo meio, ou seja, a utilização da ligação à Internet enquanto se está em movimento.

O M-Commerce foi, de facto, definido como "um comércio eletrónico para utilizadores em movimento" (Vitter-Pillippe e Navarro, 2000). Com a emergência relativamente recente do M-Commerce, desde o simples serviço de SMS até ao pagamento móvel, os vendedores de serviços são cautelosos na introdução de transacções mais complexas no fornecimento de serviços de pagamento alternativos, de modo a não exagerar o seu potencial. Alguns fornecedores lançaram esses serviços no mercado numa escala muito pequena e num ambiente algo restrito. Como o sector do comércio móvel ainda está a dar os primeiros passos, há muitos problemas por resolver relacionados com os seus serviços. Uma questão importante é o desenvolvimento de um serviço capaz de suportar a diversidade de dispositivos móveis e de redes múltiplas e de proporcionar uma segurança infalível aos consumidores. Além disso, o software e a interface variam consoante os diferentes fornecedores. No entanto, muitos líderes da indústria e da tecnologia estão a resolver estes problemas e, por conseguinte, o comércio móvel tem um grande potencial à medida que a era da mobilidade e das comunicações sem fios se torna uma tendência no século XXI.

1.2 Área de estudo

O M-Commerce é uma tecnologia amplamente difundida que tem sido incorporada em vários sectores. Nesta investigação sobre a indústria das viagens aéreas, vários países adoptaram o comércio eletrónico em quase toda a organização. O M-Commerce no sector das companhias aéreas na região do Sul da Ásia é relativamente recente. E quando se discute a adaptação ao M-Commerce com os consumidores, seria certamente uma vasta pesquisa, pois comprometemo-nos a discutir a demografia do Sri Lanka, onde apenas os viajantes aéreos do Sri Lanka serão levados para a pesquisa e a discussão da adaptação será formulada a partir da sua perspetiva. Os quadros de hipóteses que seriam criados na investigação, que foram adoptados de outras investigações, poderiam ter um fator de mudança num contexto demográfico.

1.3 Finalidade e objectivos

O tema da investigação "Intenção de aceitação e prontidão do cliente na utilização do comércio móvel no sector das viagens aéreas: Um inquérito no contexto do Sri Lanka". Serão abordadas as seguintes questões de investigação.

1.   Quais são os factores que afectam a aceitação do M-Commerce por parte dos clientes na perspetiva dos fornecedores da indústria aeronáutica do Sri Lanka?

2.   Os consumidores de viagens aéreas do Sri Lanka estão preparados para a adaptação ao comércio eletrónico e ao seu modelo de negócio?

O enquadramento teórico será indicado nos próximos capítulos, sendo que o principal ponto de investigação neste capítulo é a forma como esta questão deve ser investigada. Para uma dissertação bem sucedida, a chave é uma melhor metodologia de investigação. Neste capítulo, descreve-se a forma como a investigação da dissertação foi efectuada de acordo com os factos e as técnicas descritos e o objetivo da utilização dessas técnicas. Saunders et al. (2007) descreveram que a conceção de um projeto de investigação é como a conceção de um edifício por um arquiteto. Existe para cumprir um determinado objetivo e dentro de um prazo limitado.

1.4 Filosofia da investigação

É em função do objetivo da investigação que esta pode ser classificada. Como a questão de investigação foi estabelecida antes da realização da investigação, este tipo de investigação é conhecido como investigação explicativa. Assim, ao combinar o estudo explicativo, devemos explicar e concluir a questão de investigação. Uma filosofia de investigação é uma crença sobre a recolha de dados numa questão de investigação inexistente.

Tal como descrito por Saunders et al. (2007), esta investigação baseia-se numa filosofia de investigação. É descrita como uma interpretação (subjectiva) e a intervenção da realidade deve ser totalmente compreendida. A chave para a filosofia de investigação interpretativista é o estudo da questão de investigação no seu ambiente natural.

Este tema de investigação analisa o comportamento das estratégias de marketing direto móvel num ambiente sem fios. As estratégias de marketing direto móvel são influenciadas pelo comportamento do consumidor relativamente a um novo serviço e tecnologia. Através de um grupo-alvo, pode ser implementada uma estratégia de marketing. Assim, o comportamento do cliente torna-se mais subjetivo. Por este motivo, a filosofia de investigação interpretativista é ideal para esta investigação.

1.5 Abordagem de investigação

Uma abordagem de investigação descreve a teoria que está a ser utilizada numa investigação. Basicamente, existem dois tipos de abordagens disponíveis: a abordagem dedutiva e a abordagem indutiva. Na abordagem dedutiva, o investigador desenvolve uma hipótese e uma teoria e concebe uma estratégia de investigação para testar a hipótese. A investigação dedutiva é concetual e a estrutura teórica é desenvolvida e depois testada com observação empírica.

Na abordagem indutiva, o investigador recolhe os dados e desenvolve uma teoria como resultado da sua análise de dados. Procura compreender os significados que os seres humanos atribuem aos acontecimentos. Neste caso, existe uma compreensão estreita do contexto da investigação. Esta abordagem representa a recolha de dados quantitativos. Trata-se de uma estrutura mais flexível, para permitir mudanças na ênfase da investigação à medida que esta progride. Uma outra caraterística é o facto de o investigador se aperceber que faz parte do processo de investigação.

A adaptação das tecnologias da informação e da comunicação (TIC) tem sido estudada a partir de várias abordagens, das quais a principal se centra na adaptação na perspetiva do utilizador final. Davis

(1989) propôs um modelo de aceitação da tecnologia (TAM) baseado na Teoria da Ação Fundamentada (TRA) de AJzen e Fishbein (1980). Por este motivo, o TAM tem recebido uma grande variedade de atenção. Nas últimas duas décadas, foram publicados mais de 150 artigos relevantes. Para tal, será utilizado este contexto específico na adaptação do M-Commerce ao sector das viagens aéreas.

Para melhorar o poder explicativo do TAM, variáveis de outras teorias relacionadas têm sido combinadas em diferentes estudos sem que haja um avanço significativo na sua configuração.

A Tabela 1.1 abaixo mostra as principais teorias aplicadas à adaptação do comércio móvel e os factores considerados em cada teoria.

Tabela 1.1 Teorias aplicadas à adaptação do comércio móvel e variáveis relevantes

Teoria	Autor	Ano	Variáveis
Teoria da Ação Fundamentada (TRA)	Fishbein e Ajzen	1980	Atitude em relação ao comportamento Assunto Norma Intenções de comportamento
Inovação Teoria da difusão (IDT)	Rogers	1983	Vantagem relativa Complexidade Compatibilidade Capacidade de ensaio Observáveis
Teoria do Comportamento Planeado (TPB)	Ajzen	1985	Atitude em relação ao comportamento Assunto Norma Intenções de comportamento Controlo do comportamento percebido
Tecnologia Modelo de Aceitação (TAM)	Davis	1989	Utilidade percebida Facilidade de utilização percebida Atitude Comportamento Intenção

Para analisar a literatura relevante sobre a adaptação do utilizador à tecnologia do comércio eletrónico, existem muitas variáveis que conduzem à questão teórica. Destas variáveis, temos de encontrar primeiro as variáveis mais relevantes para a nossa questão de investigação, a sua base técnica e a localização geográfica.

Com isto, podemos dividir a nossa investigação principal "Aceitação do comércio móvel pelo consumidor no sector das viagens aéreas" em cinco variáveis principais.

1. Custo percebido

2. Facilidade de utilização percebida

3. Influência social

4. Inovação pessoal

5. Utilidade percebida

Custo percebido

Esta variável diz respeito à qualidade do desempenho. O valor é definido como "a avaliação global do consumidor sobre a utilidade de um produto ou serviço com base na perceção do que é recebido e do que é dado". Esta variável aborda os benefícios esperados, a atratividade, a compatibilidade e a vantagem. O custo percebido pode ser definido como a medida em que um indivíduo acredita que a utilização de uma tecnologia é dispendiosa. O custo é essencial na criação e na prestação de serviços de comércio eletrónico. O custo pode abrandar a expansão de uma nova tecnologia. Esta variável exprime igualmente o custo, ou melhor, o preço de utilização do serviço. Esta variável seria fundamental para o crescimento do comércio móvel. No que se refere à variável de valor da investigação, esta pode depender da capacidade de experimentação e observação.

Facilidade de utilização percebida

A variável "facilidade de utilização percebida" pode ser definida como a expetativa do potencial utilizador de que uma nova tecnologia não exige esforço na sua utilização. É ainda descrita como a convicção interna do esforço mental envolvido na utilização de um sistema. Especialmente na utilização de tecnologias como o M-Commerce, a facilidade de utilização é uma necessidade. Este estudo define-a como o grau em que o utilizador espera que o sistema seja de fácil utilização. De acordo com Davis, (1989); uma pessoa pode acreditar que uma aplicação ou um sistema é útil e necessário, mas também pode achar que o sistema é difícil de utilizar. A perceção da facilidade de utilização é considerada uma variável importante na adoção de tecnologias da informação anteriores (Chang, 2004), serviços bancários em linha (Guriting e Ndubisi, 2006), Internet sem fios (Lu et al., 2003), comércio pela Internet (Cho et al., 2007) e comércio móvel (Lin e Wang, 2005; Wang e Barnes, 2007; Kurniaet al., 2006; Mallatet al., 2006; Luarn e Lin, 2005). Por conseguinte, esta variável deve ser incluída no modelo como variável independente.

Influência social

A influência social é definida por Lu et al (2003) como sendo significativa para que outros indivíduos se envolvam numa atividade que tem uma resposta positiva por parte dos outros. Esta variável é estudada na teoria da ação racional e também na teoria do comportamento planeado. Considera-se que um utilizador terá maior propensão para sugerir e recomendar um serviço a outros se estiver satisfeito com o serviço. Este estudo adopta a influência social como uma variável de adoção do comércio eletrónico e, por conseguinte, inclui-a no modelo e estaria dependente da confiança e do nível de educação.

Inovação pessoal

A variável inovação pessoal refere-se à vontade de um indivíduo de experimentar um novo sistema ou tecnologia de informação. Observou-se que os indivíduos altamente inovadores procuram ativamente informações sobre novas tecnologias. Verificou-se que os indivíduos inovadores são dinâmicos, comunicativos, curiosos, aventureiros e procuram estímulos. De acordo com (Bhatti,2007; Li et al., 2007); a inovação pessoal tem uma forte influência na adoção de inovações como o comércio móvel. Li et al., (2007) descobriram que existe uma relação entre a capacidade de inovação pessoal e a adoção do comércio móvel. Uma pessoa que é inovadora tem mais probabilidades de adotar uma nova tecnologia.) A capacidade de inovação pessoal é, por conseguinte, uma variável de adoção do comércio móvel e está incluída no modelo. Esta variável pode ser dependente da idade e do género.

Utilidade percebida

De acordo com Davis (1989), a utilidade percebida é um fator crítico que é amplamente utilizado para explicar o comportamento do consumidor em relação a uma nova tecnologia. De acordo com Davis (1989), a utilidade percebida de um sistema pode ser definida quando os indivíduos acreditam que a utilização da nova tecnologia irá melhorar o seu desempenho quotidiano, aumentando a sua eficiência. Por conseguinte, a utilidade percebida pode influenciar direta ou indiretamente a intenção de aceitar e adotar o comércio móvel. Garrison, (2009) e Khalifa & Shen, (2008) no seu estudo argumentaram que os Sistemas de Informação e o Comércio Móvel fornecem provas do efeito significativo da utilidade percebida na intenção de adoção. Vários estudos empíricos apoiam a utilidade percebida como um preditor primário da adoção do M-Commerce. De acordo com Wei et al., (2008), esta variável avalia as caraterísticas do comércio móvel e mostra ainda como o comércio móvel pode ajudar os utilizadores a atingir objectivos relacionados com tarefas, de forma eficaz e eficiente. Por conseguinte, será utilizada como variável independente no modelo.

A partir destas variáveis e da frequência que geraram, identificámos as principais variáveis que podem ser identificadas como as principais variáveis de adaptação ao comércio eletrónico. A partir daí, foram criadas as seguintes hipóteses. Como ilustrado na Figura 1.1.

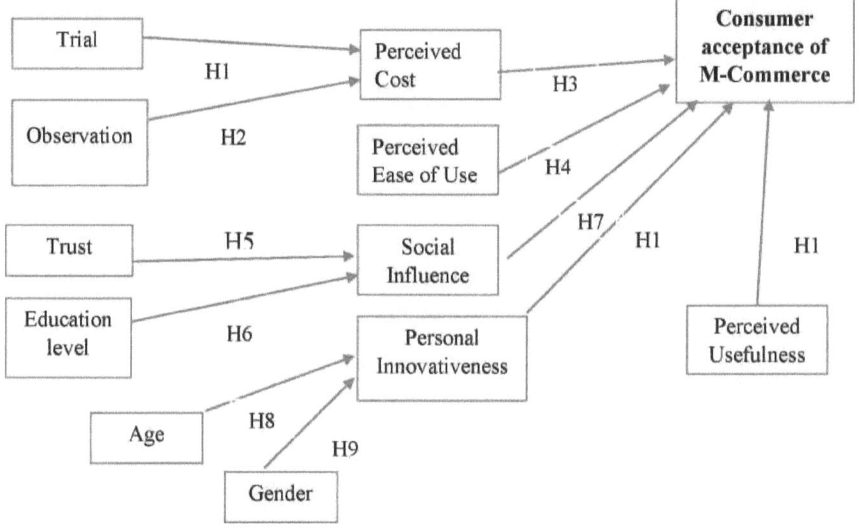

Figura 1.1 Modelo de investigação

H1: O facto de o indivíduo experimentar o comércio móvel tem um efeito positivo no custo percebido. Quanto mais extensa for a experiência, menor será o impacto no custo percepcionado.

A primeira hipótese refere-se ao papel da experimentação no reforço da adaptação do indivíduo. Por exemplo, em , vários operadores de serviços móveis montam stands ou simuladores baseados na Internet para que os potenciais clientes experimentem aplicações de comércio móvel, como a verificação dos preços das acções e a emissão de bilhetes. Através da experimentação, o indivíduo adquire informações sobre as capacidades, a facilidade de utilização e as limitações do comércio móvel. A medida em que o indivíduo experimenta o comércio móvel afecta positivamente o seu nível de pensamento de que esta tecnologia específica irá custar dinheiro.

H2: A observação que o indivíduo faz de outros que efectuam comércio móvel tem um efeito positivo na sua crença sobre o custo percebido. Quanto mais extensa for a observação, menor será o custo percebido.

A observação pode ser a fonte mais comum de adaptação. Os publicitários promovem frequentemente os seus produtos mostrando pessoas a utilizá-los e a obter resultados positivos. Enquanto no ensaio o indivíduo é ativo, na observação o indivíduo recebe passivamente a informação. Embora o efeito da adaptação no comportamento não seja direto. Afecta claramente o custo percebido através da intenção comportamental, quando se observa outras pessoas que utilizam a mesma tecnologia e se apercebe que não é dispendiosa.

H3: O custo percebido tem um efeito positivo, sendo que quanto menor for o custo percebido, maior será a aceitação do M-Commerce por parte dos consumidores.

A informação adquirida através de H1 e H2 e o seu efeito no custo percebido terão um efeito na aceitação do consumidor. Considera-se que o custo é um obstáculo à aceitação de novas tecnologias por parte dos consumidores.

H4: A perceção da facilidade de utilização tem um efeito positivo na aceitação individual do comércio eletrónico pelo consumidor. Quanto maior for a perceção da facilidade de utilização, maior será a aceitação do M-Commerce pelo consumidor.

Este facto leva a crer que uma pessoa que utilize uma determinada aplicação não terá de fazer qualquer esforço e, por conseguinte, tem um impacto positivo na aceitação do consumidor. É ainda descrita como a convicção interna do esforço mental envolvido na utilização de um sistema. Este estudo define-a como o grau em que o utilizador espera que o sistema seja de fácil utilização. De acordo com Davis, (1989); um indivíduo pode acreditar que uma aplicação é útil, mas também pode achar que o sistema é difícil de utilizar. A facilidade de utilização percebida é considerada como um determinante importante na adoção.

H5: A confiança tem um efeito positivo na influência social: quanto maior for a confiança, maior será a influência social na aceitação do consumidor.

Relacionado com a fiabilidade do ambiente móvel sem fios. Isto retrata o gnomo social onde a confiança social afecta a influência social. Criar uma sociedade que aceite as novas tecnologias graças à confiança. A confiança na infraestrutura da Internet é definida como a confiança na segurança e integridade das medidas de segurança fundamentais utilizadas para proteger as informações pessoais durante as transacções em linha (McKnight & Chervany, 2001). Assim, nesta hipótese, a confiança pode também afetar diretamente a aceitação do consumidor no comércio eletrónico.

H6: O nível de habilitações literárias da pessoa afectaria positivamente a influência social. Quanto mais elevado for o nível de instrução, maior será a influência social.

Em regiões como o Sri Lanka, o nível de educação é considerado um dos factores de superioridade social. É habitual pedir conselhos a uma pessoa instruída e respeitada. Por conseguinte, com um nível de instrução elevado, é possível obter uma influência social mais elevada, o que permite obter uma maior aceitação dos consumidores no comércio eletrónico.

H7: A influência social terá um impacto positivo, sendo que quanto maior for a influência social maior será a aceitação do consumidor no comércio eletrónico.

A influência social é definida como "o grau em que um indivíduo percepciona que outros importantes acreditam que ele ou ela deve utilizar o novo sistema" (Venkatesh et al. 2003). Venkatesh et al. (2003) mostraram que a influência social é caracterizada e também indicam que a influência social é um fator significativo em termos de utilização de serviços móveis. O'Reilly e Chatman (1986) afirmaram que a influência social afecta o empenho da pessoa em utilizar o sistema de informação (ou seja, o comércio eletrónico) e que "as influências sociais desempenham um papel importante na determinação da aceitação e do comportamento de utilização de novos utilizadores de novas tecnologias da informação". A influência social é uma das componentes mais importantes na determinação da aceitação do M-Commerce. A presente investigação irá apresentar uma hipótese válida.

H8-H9: A idade e o sexo dos indivíduos teriam um impacto positivo, sendo que, hipoteticamente, uma idade moderada e o sexo podem criar uma capacidade de inovação pessoal mais elevada.

A idade e o sexo são apontados como um dos factores mais importantes para prever a adoção do comércio eletrónico. Em estudos anteriores, aparecem outras caraterísticas pessoais: Neste sentido, a capacidade de inovação foi defendida pelos gestores como parte de um novo estilo de vida: "O fornecedor de conteúdos também assinou esse perfil típico de cliente que está atento a novos produtos ou conteúdos técnicos apenas para partilhar com as pessoas que lhe são importantes. É referido que os homens tendem a ter mais interesse pelas novas tecnologias do que as mulheres e que os adolescentes compreenderiam melhor as novas tecnologias do que os trabalhadores de meia-idade. Por conseguinte, esta seria uma hipótese válida a discutir.

H10: A capacidade de inovação pessoal dos indivíduos terá um resultado positivo, sendo que quanto maior for a capacidade de inovação pessoal, maior será a aceitação do comércio eletrónico pelo consumidor.

A capacidade de inovação pessoal ou, mais frequentemente, uma caraterística individual que reflecte a vontade de experimentar qualquer nova tecnologia. Verificou-se que os indivíduos altamente inovadores procuram ativamente informações sobre as novas tecnologias. Verificou-se que os indivíduos inovadores são dinâmicos, comunicativos, curiosos, aventureiros e procuram estímulos. De acordo com (Bhatti 2007), a inovação pessoal tem uma forte influência na adoção de inovações como o comércio móvel. Descobriu-se também que existe uma relação entre a capacidade de inovação pessoal e a adoção do comércio móvel. Uma pessoa inovadora tem mais probabilidades de adotar uma nova tecnologia. A capacidade de inovação pessoal é, por conseguinte, um fator de previsão da adoção do comércio móvel, sendo incluída no modelo e considerada como uma hipótese.

H11: A utilidade percebida pelos indivíduos terá um resultado positivo, sendo que quanto maior for a utilidade percebida, maior será a aceitação do comércio eletrónico pelo consumidor.

De acordo com Hong et al., (2008), a utilidade percebida é um dos principais factores amplamente utilizados para explicar o comportamento do consumidor em relação a uma nova tecnologia. De acordo com Davis (1989), a utilidade percebida de um sistema pode ser definida como a medida em que os indivíduos acreditam que a utilização da nova tecnologia irá melhorar o seu desempenho. Por conseguinte, a utilidade percebida pode influenciar direta ou indiretamente a intenção de aceitar e adotar o comércio móvel. Garrison, (2009) e Khalifa & Shen, (2008) no seu estudo argumentaram que os sistemas de informação e o comércio móvel fornecem provas do efeito significativo da utilidade percebida na intenção de adoção. Por conseguinte, seria essencial incluir a perceção de utilidade no modelo.

Capítulo 2

Revisão da literatura

2.1 Introdução

O M-Commerce é uma vasta área de investigação onde tudo é possível. Com os vários serviços disponíveis e as vantagens que os consumidores podem obter. É possível criar uma tendência totalmente nova utilizando qualquer uma das inovações tecnológicas específicas dos dispositivos sem fios. Inovações tecnológicas como o SMS, o MMS, o GPRS e o Wi-Fi. Cada uma destas vantagens é muito própria do marketing móvel.

Keen e Mackintosh (2001) explicam que o comércio móvel (M-Commerce) está a marcar o ponto de partida de mais um período de inovação nos negócios e que o M-Commerce continuará a alargar e a aplicar a forma como as organizações utilizariam os negócios - e a alterar as relações entre empresas, clientes, fornecedores e parceiros. Ser móvel significa ser livre e a liberdade cria escolha e valor, algo muito mais do que conveniência, pois pode revolucionar a forma como as empresas trabalham, compram, vendem e colaboram.

Até à data, o sector das viagens utiliza uma vasta gama de sistemas TIC. A Internet, em particular, permite-lhes mostrar e demonstrar amplamente as suas competências. Também lhes permite comunicar diretamente com os seus clientes potenciais. A Internet é utilizada para oferecer um acesso fácil aos empregados da organização e a extranet, que permite aos parceiros autorizados utilizar os dados da empresa para interagir em linha, além de várias aplicações de gestão interna para gerir as operações e o marketing das organizações de viagens.

A integração entre o M-Commerce é a próxima etapa do sector das viagens aéreas, o que resulta da conetividade a qualquer hora e em qualquer lugar, do baixo custo do negócio, do aumento de novas vendas e, acima de tudo, da fidelização dos clientes. No entanto, mesmo com a elevada taxa de penetração dos telemóveis, Gitau e Nizuki (2014) descrevem que se observou uma adaptação relativamente baixa do comércio eletrónico nos países em desenvolvimento. Este estudo fornece a compreensão teórica de várias intervenções para promover a adaptação ao comércio eletrónico.

A adaptação de produtos e serviços inovadores por viajantes que seguem padrões e processadores semelhantes, o que mostra a adaptação da inovação pelo consumidor (Christou e sigala 2003). Foxall (1994) descreve que a investigação anterior relacionada com a adoção de inovações pelos consumidores, tanto nos mercados de produtos como nos de serviços, tendeu sobretudo a centrar-se na identificação das caraterísticas dos inovadores e dos primeiros a adotar, dando especial ênfase aos atributos sociodemográficos e psicográficos dos consumidores.

"Customer Intention of Acceptance and Readiness in Using Mobile Commerce in the Air Travel Setor: A Survey in Sri Lankan Context", irá discutir as seguintes questões de investigação.

1.   Quais são os factores que afectam a aceitação do M-Commerce por parte dos clientes na perspetiva dos fornecedores da indústria aeronáutica do Sri Lanka?

2.   Os consumidores de viagens aéreas do Sri Lanka estão preparados para a adaptação ao comércio eletrónico e ao seu modelo de negócio?

O estudo utiliza a revisão da literatura para identificar os factores que influenciam a adaptação do comércio eletrónico no sector das viagens aéreas pelos consumidores e para avaliar o potencial impacto empresarial e organizacional.

2.2 M-Commerce no sector das viagens aéreas - tendência global

Os exemplos da adaptação do comércio eletrónico ao sector das viagens aéreas a nível mundial e o seu impacto empresarial e organizacional dão-nos uma ideia do seu impacto no contexto do Sri Lanka.

A GSM Association (2014) descreve que o número de subscrições mundiais de dispositivos sem fios atingiu 6 mil milhões em 2011, o que equivale a 75% da população mundial.

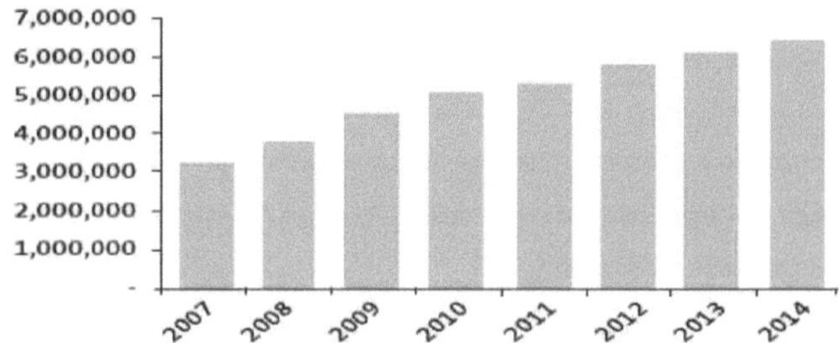

Figura 2.1 Subscrição mundial de dispositivos sem fios

Fonte: GSMA(2014), http://www.gsma.com/

A razão para o atual boom da subscrição é a atual melhoria da tecnologia dos smartphones. Com a introdução dos smartphones, o número de formas de interação do consumidor aumentou exponencialmente. Com este tipo de crescimento rápido, não é de admirar que a tecnologia móvel se tenha tornado parte integrante da oferta de serviços de uma companhia aérea. Serviços como o check-in móvel, os cartões de embarque com código de barras 2D (BCBP) e a gestão de itinerários estão atualmente disponíveis para a maioria das transportadoras em várias regiões do mundo.

A tecnologia móvel teve impacto em todas as fases do ciclo de vida das viagens. Com as redes sem fios avançadas e a crescente adoção a nível mundial de telemóveis, smartphones e tablets com todas as funcionalidades da Internet, os passageiros já não estão presos a um computador de secretária, mas têm agora acesso instantâneo a informações em qualquer lugar e a qualquer momento a partir de vários dispositivos. A tecnologia móvel oferece às companhias aéreas uma oportunidade de envolvimento contínuo ao longo do ciclo de vida da viagem.

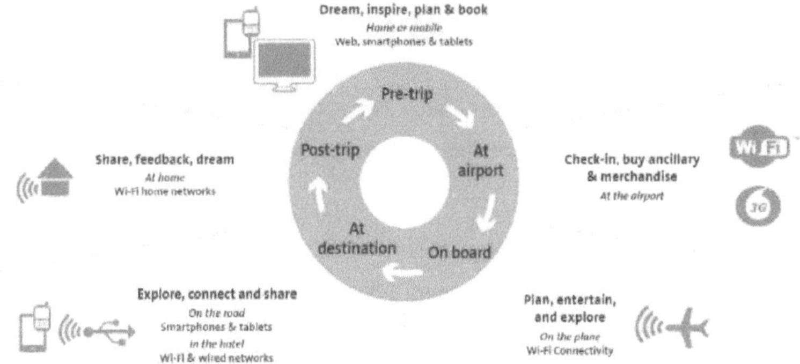

Figura 2.2 Impacto dos telemóveis no ciclo de vida de uma viagem em vários dispositivos

Fonte: Travel tech consulting Inc., http://www.expertsmarketing.com/blog/mobilemarketing-raises-travellers-loyalty/

A Figura 2.2 mostra as áreas em que o consumidor interage com soluções baseadas no comércio eletrónico durante o seu ciclo de vida das viagens aéreas. Por exemplo, a future travel experience (2014) descreve que a emirates lançou a sua aplicação móvel de cartões de embarque. Esta aplicação permite aos passageiros receberem notificações push através da aplicação com informações e actualizações sobre o check-in, o embarque, as mudanças de porta de embarque, a seleção de lugares e os números dos tapetes de recolha de bagagem. Os passageiros da Primeira Classe e da Classe Executiva poderão reservar o seu serviço de transporte gratuito através da aplicação, e os passageiros frequentes podem registar-se como membros da Emirates skywards, gerir a sua conta e utilizar as suas milhas para pagar voos e upgrades.

Não só do ponto de vista do consumidor, mas também do ponto de vista da organização, o impacto que tem é tremendo, por exemplo, a notícia de future travel experience (2014) sobre o aeroporto de Edimburgo que inicia o ensaio do serviço de apoio ao cliente Google Glass, que explica como o pessoal irá utilizar o dispositivo para fornecer aos passageiros informações sobre os voos em tempo real, traduzir documentos em línguas estrangeiras e responder a perguntas gerais sobre o aeroporto e a cidade de Edimburgo. Também o artigo de notícias Future Travel Experience (2014) sobre a forma como a Emirates e a Samsung capacitam o pessoal com a nova aplicação Journey Manager, que dá aos gestores e supervisores da transportadora acesso a informações em tempo real, incluindo o estado dos voos de entrada e de saída, ao mesmo tempo que podem utilizar o dispositivo Samsung Note 4 para digitalizar os cartões de embarque dos passageiros, de modo a poderem dizer-lhes de que porta vão partir.

2.3 M-Commerce no sector das viagens aéreas - a aceitação dos clientes do Sri Lanka

O sector das viagens aéreas do Sri Lanka está em plena expansão com dois aeroportos internacionais em funcionamento e com o aumento do número de viajantes todos os anos, tal como descrito no relatório anual da SLTDA (2011). De acordo com o tema da investigação, é necessário compreender qual seria o impacto organizacional e operacional da aceitação do utilizador no comércio eletrónico nesta indústria.

Este estudo é, portanto, informado por uma combinação de Apoio às construções sociais, comportamentais e tecnológicas que determinam a adoção do M-Commerce pelos utilizadores.

Utilidade percebida

Tal como descrito por Davis (1989), a utilidade percebida é um fator proeminente que é amplamente utilizado para explicar o comportamento dos consumidores em relação às novas tecnologias. Ainda de acordo com Davis (1989), a utilidade percebida de um sistema pode ser definida como o facto de os indivíduos acreditarem que a utilização da nova tecnologia irá melhorar o seu desempenho.

Facilidade de utilização percebida

Aceitar e adotar o comércio móvel direta ou indiretamente. Mallat e Tuunainen (2008) descrevem como exploraram os principais factores que influenciam a utilidade, a facilidade de utilização e as intenções de utilização de serviços avançados de telemóvel para pagamentos. Os resultados revelaram uma relação positiva entre a utilidade percepcionada e a intenção de utilizar serviços móveis.

A perceção da facilidade de utilização pode ser definida como a forma como o utilizador considera que uma nova tecnologia é isenta de esforço e pode ser facilmente identificada como um esforço mental envolvido na utilização de um sistema. Este estudo define-a como o grau em que o utilizador espera que o sistema seja de fácil utilização. Davis (1989) descreve que uma pessoa pode acreditar que uma aplicação pode ser útil, mas pode achar que todo o sistema é difícil de utilizar. Muitos estudos empíricos anteriores mostram que a perceção da facilidade de utilização tem uma influência positiva na adoção do comércio móvel (Khalifa e Shen, 2008). Muitos utilizadores consideram a perceção da facilidade de utilização como um fator importante, uma vez que muitos deles são consumidores comuns que não estão necessariamente envolvidos na tecnologia no dia a dia. Por conseguinte, esta construção deve ser incluída no modelo.

Custo percebido

O custo percebido pode ser descrito como o facto de um indivíduo acreditar que, ao utilizar a tecnologia, o custo aumentará. O custo é essencial para a criação dos serviços de comércio eletrónico e pode abrandar a expansão da nova tecnologia, podendo incluir o preço do dispositivo e o custo de utilização, de acordo com Davis (1989), o estudo sobre a adaptação do comércio eletrónico identificou o fator custo como uma das razões que podem abrandar a adoção do comércio eletrónico. Por isso, foi identificado como um fator determinante importante para os consumidores decidirem se querem ou não adotar o comércio eletrónico.

Inovação pessoal

Isto corresponde à vontade do consumidor de experimentar novos sistemas de informação. Observou-se que os consumidores altamente inovadores procuram ativamente obter conhecimentos sobre novas tecnologias. De acordo com Bhatti (2007), a capacidade de inovação pessoal tem uma forte influência na adaptação. Por conseguinte, a inovatividade pessoal é um fator de previsão da adoção do comércio eletrónico e está incluída no modelo.

Variáveis demográficas

Tal como descrito e publicado por Cutler et al (2003), o perfil demográfico dos utilizadores influencia a adaptação da tecnologia de comércio eletrónico. Podem ser vários tipos de variáveis, desde os níveis educativos dos grupos etários dos consumidores, ao sexo do consumidor, como o facto de os homens em geral serem mais receptivos às tecnologias do que as mulheres. Entre as razões apresentadas, os homens têm uma maior auto-eficácia e estão mais confiantes para explorar novas tecnologias. Yang (2005) também constatou que os homens e as mulheres têm padrões muito diferentes de utilização da Internet, sendo que as mulheres tendem a utilizar a Internet para comunicar, por exemplo através de mensagens, enquanto os homens tendem a utilizar a Internet para descarregar e comprar.

Se utilizarmos estas variáveis num quadro, poderemos determinar o modelo de aceitação do utilizador por parte de um consumidor do Sri Lanka e, por conseguinte, mudar a absorção para o comércio eletrónico em conformidade

2.4 Crescimento empresarial e organizacional

O comércio eletrónico oferece a oportunidade de diferenciação para as companhias aéreas. Representa uma oportunidade única para as companhias aéreas permitirem que os passageiros personalizem a sua experiência no aeroporto e durante o voo. Com os serviços móveis, esta mudança pode ter lugar em qualquer altura e em qualquer lugar, em vários dispositivos. Associar o estatuto de passageiro frequente permite às companhias aéreas oferecer serviços únicos e os melhores serviços com base no valor para o cliente. Em última análise, as companhias aéreas devem compreender as preferências pessoais dos seus passageiros e combinar serviços que correspondam a essas preferências com base nas necessidades específicas de uma determinada viagem. O objetivo de todas as companhias aéreas é obter informações sobre os clientes e observar os padrões de compras, especialmente em dispositivos móveis, é um método importante para conseguir uma maior intimidade com os clientes.

Promoções

Atualmente, as promoções em telemóveis são basicamente uma extensão das anteriores promoções na Web de uma companhia aérea. Quando as companhias aéreas lançaram sítios Web em meados da década de 1990, as promoções passaram a fazer parte das mensagens de correio eletrónico semanais. Atualmente, as promoções não mudaram, pois continuam a basear-se em novas rotas e em descontos para os consumidores. No entanto, em vez de se enviar uma promoção genérica a todos os consumidores, agora são feitas ofertas à medida, específicas para as preferências e interesses do utilizador. Estas são acionadas com os dados que o consumidor partilha através dos telemóveis e a tecnologia móvel permite que as promoções sejam personalizadas. O valor acrescentado para o consumidor faz com que a companhia aérea ganhe um valor acrescentado.

Serviços baseados na localização (LBS)

A localização representa uma dimensão fundamental para oferecer serviços em dispositivos móveis utilizando

M

Tecnologia comercial. Com a maioria dos telemóveis inteligentes, está disponível a localização por GPS de um consumidor, tendo em consideração se a localização do consumidor se situa dentro do aeroporto, mantendo o facto de o consumidor estar disposto a partilhar a localização por GPS em primeiro lugar. A organização pode promover a localização para promover os comerciantes que trabalham com o seu programa de passageiro frequente. Esta capacidade é acionada pela aplicação móvel da companhia aérea. Os descontos no check-in da aplicação são activados para outros consumidores, pelo que a oportunidade é enorme para promover cada marca.

A experiência de compra está a ser transformada pela tecnologia móvel. No mercado retalhista, aplicações como a Shopkick fornecem cupões específicos aos compradores da Best Buy ou da Macy's com base na sua localização na loja. O aeroporto está a tornar-se um centro comercial e as companhias aéreas estão a começar a utilizar técnicas semelhantes para promover as lojas do aeroporto e os comerciantes locais.

Tendências móveis emergentes no sector das viagens aéreas

Os telemóveis inteligentes representam, com as novas estratégias de comércio eletrónico, uma nova plataforma em que, consequentemente, estão disponíveis novas capacidades avançadas através da tecnologia móvel. Existe uma feroz batalha global entre a Apple, a Google, a RIM e a Microsoft.

Cada empresa está a tentar encontrar formas de utilizar a tecnologia móvel para ultrapassar a concorrência com novas funcionalidades e capacidades. A concorrência no sector dos telemóveis está ao rubro e, por isso, todos os criadores de tecnologia móvel irão beneficiar. Por exemplo, nos próximos anos, o smartphone tornar-se-á uma carteira móvel e um chip NFC tornar-se-á um componente padrão da plataforma. Estas tendências ocorrerão sem qualquer influência de iniciativas específicas das companhias aéreas, mas as companhias aéreas em geral podem beneficiar destas tendências.

A transformação do seu telemóvel em carteira móvel está a progredir muito mais rapidamente do que o previsto, com acordos de trabalho com bancos, empresas de cartões de crédito e comerciantes e retalhistas, e é um sucesso em África, na Índia e até no Sri Lanka, onde o mercado móvel está a ser penetrado.

As carteiras móveis funcionam com transacções 1:1 com dinheiro físico em vez de cartões de crédito. Outras carteiras móveis, como a google wallet e o novo apple pay, também entraram no mercado. A segurança é uma preocupação importante nos países em desenvolvimento. As carteiras móveis oferecem uma alternativa mais segura ao dinheiro e são utilizadas para pagar bens e serviços, actuando essencialmente como um banco móvel, permitindo um armazenamento mais seguro da moeda. É o caso de uma grande companhia aérea africana, onde o telemóvel é a principal forma de pagamento para transacções electrónicas. Trata-se de um valor acrescentado para o consumidor.

Capítulo 3

Dados e métodos

3.1 Introdução

As técnicas de investigação utilizadas neste estudo são completadas através de um inquérito de investigação. O inquérito permite aos investigadores obter dados sobre situações. Este pode ser efectuado através de questionários ou entrevistas. Em seguida, podem ser utilizadas técnicas de análise quantitativa para obter uma inferência sobre os dados recolhidos e fundamentar as relações. Um inquérito permite ao investigador analisar mais dados de uma população. Para uma investigação como esta, a recolha de dados através de um inquérito é ideal.

Tal como descrito por Saunders et al. (2007), a utilização de um inquérito é mais fácil de comparar. E competitivamente mais fácil de entender. Os dados recolhidos através de uma estratégia de inquérito podem ser utilizados para sugerir e justificar e identificar relações. Permite um maior controlo sobre a investigação e um custo relativamente baixo. A principal desvantagem de uma estratégia de inquérito é obter uma taxa de resposta mais elevada para obter um bom resultado na pergunta de investigação. Tal como descrito por Saunders et al. (2007), existe um limite para o número de perguntas que podem ser incluídas num inquérito e, se este contiver mais perguntas do que as desejadas, a taxa de resposta será extremamente baixa. Outro inconveniente da utilização de um inquérito é o facto de a investigação ser independente.

Saunders et al. (2007) descreve as entrevistas como uma estratégia de investigação que envolve uma investigação empírica sobre os pensamentos e ideias dos utilizadores. A importância da entrevista reside no facto de os limites da questão de investigação estudada serem evidentes. Para obter uma compreensão aprofundada da questão de investigação e do contexto. Porque, numa entrevista, obteria dados empíricos diretamente relacionados com a sua questão de investigação. Para generalizar os resultados e chegar a uma conclusão correta, uma entrevista seria muito eficaz.

Uma vez que esta investigação incide sobre o comércio eletrónico e a adaptação dos consumidores ao mesmo. Foi necessário utilizar as duas técnicas de investigação acima referidas. Para descrever a aceitação do M-Commerce por parte dos consumidores, é necessário compreender o comportamento dos consumidores e em que contexto estão dispostos a utilizar o M-Commerce no sector das viagens aéreas. A resposta a esta pergunta pode ser facilmente obtida através de um inquérito. Ao utilizar o inquérito, foi mais fácil visar consumidores de várias origens, proporcionando assim uma vasta área de dados a analisar.

Ao compreender o comportamento do consumidor através do inquérito, foi necessário clarificar as conclusões sobre a forma como este é evidente numa estratégia de marketing direto. Ao compreender como funciona o comportamento do M-Commerce, indicando-o, foi possível responder à pergunta de investigação. Concluiu-se, portanto, que um questionário de investigação deve ser utilizado como principal instrumento de recolha de dados.

Uma vez recolhidos os dados do inquérito, foi utilizada a ferramenta analítica SPSS (IBM) para analisar os dados e interpretá-los em vários dados estatísticos, de modo a obter as estatísticas necessárias para provar o quadro de hipóteses.

O processo de comprovação do enquadramento pode ser dividido nas seguintes etapas

1. Provar que o conjunto de dados tem uma distribuição normal.

2. Utilizar o R de Pearson para determinar a correlação das variáveis.

3. Utilizar a ANOVA (análise de variância) para validar a hipótese.

Ao efetuar estes testes, o quadro de hipóteses será comprovado ou rejeitado.

Também entrevistas com o pessoal do serviço de apoio ao cliente do aeroporto (ver Anexo 3). Além disso, uma entrevista com o pessoal do agente de bilhetes (ver Apêndice 4) dará uma ideia da adoção do sector das viagens aéreas pelo cliente. Utilizámos estas entrevistas porque a adaptação do consumidor ao M-Commerce também afectará as organizações relacionadas com as viagens aéreas. Também na minha investigação, a pergunta de investigação,

Estarão os consumidores de viagens aéreas do Sri Lanka preparados para a adaptação ao comércio eletrónico e ao seu modelo de negócio? Também será dada uma resposta. Para tal, seria útil recorrer a pessoas que interagem com os clientes. Assim, ao efetuar as entrevistas acima referidas, foram recolhidas as informações necessárias.

3.2 Dados utilizados

A primeira etapa deste processo de investigação é o processo de recolha de dados. A chave para uma boa investigação é encontrar os dados mais adequados. Existem três tipos principais de dados: primários, secundários e terciários. Os dados **primários** são recolhidos na fonte, como uma entrevista, um questionário ou uma observação pessoal. Incluem dados em bruto que não foram interpretados.

Os dados **secundários** são dados que já existem, tais como informações em livros, revistas ou estatísticas publicadas. Incluem interpretações de dados primários. Os dados **terciários** são a interpretação de fontes secundárias, tais como índices, bibliografias e motores de busca na Internet (Saunders et al. 2007). Utilizámos estes conjuntos de dados na presente investigação.

Para efeitos de análise nesta investigação, foram utilizados dados primários e secundários. A ênfase principal é colocada nos dados secundários, uma vez que estes analisam as tendências no sector do comércio móvel.

Os dados podem ser classificados em duas categorias: quantitativos e qualitativos. Os dados **quantitativos** são os dados numéricos. A sua vantagem de serem fáceis e baratos de recolher é muito útil. Mas, por vezes, os dados quantitativos podem induzir o leitor em erro. Além disso, podem não expressar todos os pormenores relativos ao cenário. Os dados **qualitativos** são os dados não numéricos. Muitas vezes, os dados qualitativos são mais significativos. Mas é uma tarefa que consome muito tempo e, por vezes, pode ser dispendiosa (Saunders et al. 2007).

Os dados para esta investigação serão principalmente dados quantitativos. Os viajantes responderão ao inquérito que lhes foi distribuído. Uma vez que o inquérito é composto por trinta perguntas do tipo escala de Likert, as respostas serão transformadas em dados quantitativos, de modo a que a ferramenta de análise necessária seja utilizada para provar o quadro. Os dados qualitativos do inquérito foram analisados descritivamente para compreender o grupo que participou no inquérito.

3.3 Métodos e técnicas

Para testar o modelo de investigação, foi realizado um estudo de inquérito transversal. Foi elaborado um questionário. Este identificaria a adaptação do consumidor num ambiente de comércio móvel. O questionário foi elaborado através do google forms, de modo a poder ser enviado aos passageiros aéreos do Sri Lanka por correio eletrónico, redes sociais e outros meios. Nesta investigação, adquirimos bases de dados de passageiros aéreos que consistem em 150 mensagens de correio eletrónico, de modo a podermos enviar a ligação em linha para o questionário. Foram utilizados sítios Web de comunidades em linha relacionados com viagens para obter os dados primários visados. Foi mais fácil do que utilizar fisicamente a investigação primária necessária. As mensagens de correio eletrónico e a publicação da hiperligação foram feitas em junho de 2015 e foi enviada uma mensagem de correio eletrónico de seguimento no final de julho de 2015. Demos dois meses como período de tempo para recolher os dados necessários e, no final desse período, recebemos um conjunto de dados de 90 perguntas respondidas que foi utilizado para realizar a investigação.

Os indivíduos acima referidos foram segmentados de acordo com as respostas que deram ao questionário e com a posição da resposta na hipótese. O questionário incluía seis perguntas descritivas e foi utilizada uma escala de Likert de cinco pontos (5 = concordo totalmente, 1 = discordo totalmente). Estes dados foram utilizados para identificar os motivadores e os obstáculos que constituem factores que influenciam as decisões de adoção/não adoção do comércio eletrónico pelos consumidores.

Dependendo da natureza da pergunta de investigação, as perguntas foram formuladas principalmente em formato de caixa de seleção ou de escolha múltipla, de modo a consumir tempo e a não desperdiçar o tempo do inquirido. Ao utilizar as perguntas fechadas, as respostas serão concentradas numa secção específica da pergunta de investigação, a fim de obter os resultados necessários devido às limitações de tempo. As perguntas serão concebidas de forma a simplificar os dados relevantes e a própria pergunta para facilitar a compreensão.

O inquérito incluía perguntas que definiam cada variável no quadro, de modo a que os dados recolhidos, que são dados nominais, fossem manipulados através do SPSS para dados do tipo escala para provar a hipótese. Os resultados das perguntas, que são nominais, foram calculados de modo a que fosse utilizada a "média" de cada variável, que, por sua vez, se transformou em dados do tipo escala.

Uma vez que a investigação incide sobre a indústria de viagens do Sri Lanka e a sua utilização do M-Commerce e adaptação aos utilizadores, todos os utilizadores do grupo são cidadãos do Sri Lanka com experiência em viagens e que têm alguma ideia sobre o M-Commerce.

Outra fonte primária, que são as entrevistas, é o facto de a investigação ter incluído entrevistas com profissionais que estão no sector das viagens aéreas, tais como funcionários de centros de emissão de bilhetes que estabelecem relações profissionais com os viajantes. Isto irá abrir um aspeto do que uma viagem aérea exige através do MCommerce e os aspectos da sua aceitação. Neste processo, também foram efectuadas entrevistas a passageiros aéreos.

Todos estes preparativos foram vitais para a realização desta investigação.

Capítulo 4

Resultados

4.1 Introdução

A investigação foi realizada com o questionário criado para o inquérito e foi administrada a passageiros aéreos do Sri Lanka de vários grupos etários. Dos 200 questionários distribuídos por correio eletrónico, 90 responderam. Com as respostas recebidas, o perfil demográfico dos inquiridos é descrito na Tabela 4.1.

Neste perfil demográfico, pode ser efectuada uma pequena análise da distribuição. Mais de 74% dos passageiros aéreos tinham um telemóvel com acesso à Internet. Isto mostra um dos factores de utilização do M-Commerce, em que o utilizador deve ter um telemóvel inteligente com acesso à Internet. No entanto, existe uma pequena fração de menos de 25% que utiliza um telemóvel sem Internet. Este facto não teria um impacto direto na nossa hipótese. Porque os viajantes aéreos podem utilizar indiretamente o M-Commerce que permite serviços no aeroporto. A faixa etária média no sector das viagens pode ser descrita como entre 36 e 45 anos, com uma distribuição de 35,56%. Isto dá uma informação genérica de que os cidadãos seniores tendem a viajar mais de avião.

52% dos participantes eram do sexo feminino e os restantes do sexo masculino, o que daria um resultado equilibrado da forma como a variável género actuaria na hipótese formulada. Se esta distribuição não fosse equilibrada, o relatório poderia ser tendencioso.

Mais de 50% dos participantes têm, pelo menos, um curso superior e 35% dos viajantes viajam por motivos educativos, o que nos leva a supor que a maioria dos viajantes tem um bom nível de educação ou ainda está a ser educada. 70% dos viajantes aéreos tendem a viajar de 1 a 5, o que é explicável em comparação com outros países onde também existem voos domésticos. Assim, o número de vezes que as pessoas viajam de avião aumentaria. Mas o Sri Lanka, sendo um país pequeno, não tem voos domésticos. Por isso, as viagens aéreas são anuais e, em média, por pessoa, situam-se neste intervalo.

Quadro 4.1 Quadro de distribuição de frequências

	· 18- 25	17.78%
	· 26- 35	31.11%
Idade da a	· 36- 45	35.56%
inquiridos	· 46- 60	12.22%
	· 60 acima	3.33%

Género do o inquiridos	- Homem	47.78%
	- Feminino	52.22%
Qualificação académica mais elevada	· G.C.E O/L	5.56%
	· G.C.E A/L	18.89%
	· Profissional Qualificação/ Diploma	20.00%
	· Grau	28.89%
	· Mestres	23.33%
	· Doutoramento.	3.33%
Viagens aéreas	- Negócios	30.00%
	- Educação	35.56%
	- Pessoal	24.44%
	- Outros	10.00%
Ano	· 0-5	71.11%
	· 6-10	24.44%
	· 11-15	2.22%
	· 16-20	2.22%
	· Outros	0.00%
Tipo de telemóvel	· Um telemóvel inteligente com Internet	74.44%
	· Um telemóvel inteligente sem Internet	17.78%
	· Um telemóvel normal com chamadas e texto	7.78%
	· Outros	0.00%

4.2 Análise de dados

4.2.1 Testar a distribuição normal dos dados

A fim de provar a hipótese, é necessário efetuar uma análise de enquadramento dos dados recolhidos. Para descobrir se os dados recolhidos têm uma distribuição normal e para utilizar os métodos corretos para provar a hipótese, está a ser utilizado o teste de Kolmogorov-Smirnov através do SPSS.

Os testes estatísticos de normalidade são mais aceitáveis, uma vez que são calculadas probabilidades reais. Os testes de normalidade dos dados são calculados gerando a probabilidade de a amostra ter sido retirada de uma população normal.

As hipóteses utilizadas são:

Ho: Os dados da amostra não são significativamente diferentes de uma população normal.

Ha: Os dados da amostra são significativamente diferentes de uma população normal.

A hipótese nula é aceite ou rejeitada se,

- Sig> 0,05 significa que os dados são normalmente distribuídos.

- Sig< 0,05 significa que os dados NÃO são normalmente distribuídos.

Tabela 4.2 Testes de normalidade

Testes de normalidade

	Kolmogorov-Smirnov[a]			Shapiro-Wilk		
	Estatísticas	df	Sig.	Estatísticas	df	Sig.
Idade média	.213	90	.200*	.874	90	.721
Média Género	.229	90	.340	.920	90	.333
Educação média	.164	90	.200*	.914	90	.456
Observação média	.237	90	.245	.896	90	.567
Ensaio médio	.290	90	.200*	.654	90	.678
Confiança média	.180	90	.176	.923	90	.343
Custo médio percebido	.262	90	. 200*	.814	90	.599
Inovação pessoal média	.208	90	.267	.846	90	.566
Média PEOU	.143	90	200*	.934	90	.677
Influência social média	.173	90	.200*	.888	90	.599
Média PU	.227	90	.276	.878	90	.766
Média de M comércio Aceitação	.246	90	.200*	.718	90	.721

*Este é um limite inferior do verdadeiro significado

a. Correção do significado de Lilliefors

Idade média:

De acordo com a análise do teste de Shapiro-Wilk à normalidade da "idade média", o valor Sig. na coluna de Shapiro-Wilk é .200, que é superior a 0,05, pelo que podemos concluir que a "idade média" para este subconjunto específico de indivíduos tem uma distribuição normal.

Os mesmos dados dos mesmos indivíduos estão agora a ser analisados para produzir um gráfico Q-Q normal, como se segue. A partir deste gráfico, podemos concluir que os dados parecem ter uma distribuição normal, uma vez que seguem de perto a linha diagonal e não parecem ter um padrão não linear.

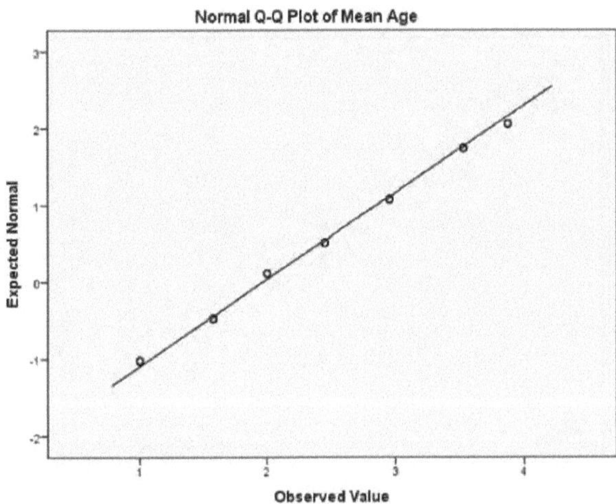

Figura 4.1 Idade média

Género médio:

De acordo com a análise do teste de Shapiro-Wilk à normalidade do "Género médio", o valor Sig. na coluna de Shapiro-Wilk é .340, que é superior a 0,05, pelo que podemos concluir que o "Género médio" para este subconjunto específico de indivíduos tem uma distribuição normal.

Os mesmos dados dos mesmos indivíduos estão agora a ser analisados para produzir um gráfico Q-Q normal, como se segue. A partir deste gráfico, podemos concluir que os dados parecem ter uma distribuição normal, uma vez que seguem de perto a linha diagonal e não parecem ter um padrão não linear.

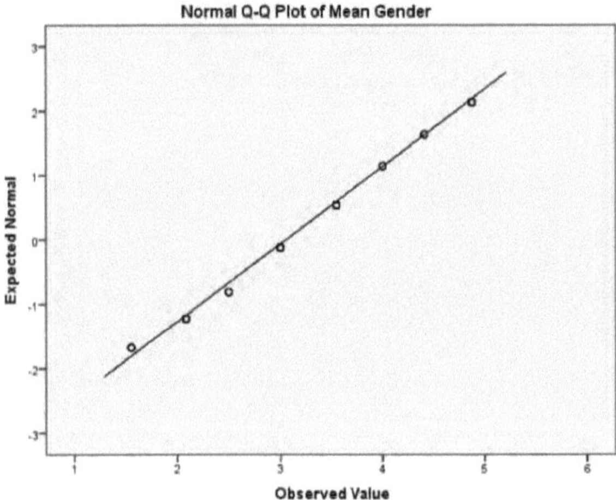

Figura 4.2 Género médio

Educação média

De acordo com a análise do teste de Shapiro-Wilk à normalidade da "Educação Média", o valor Sig. na coluna Shapiro-Wilk é .200, que é superior a 0,05, pelo que podemos concluir que a "Educação Média" para este subconjunto específico de indivíduos tem uma distribuição normal.

Os mesmos dados dos mesmos indivíduos estão agora a ser analisados para produzir um gráfico Q-Q normal, como se segue. A partir deste gráfico, podemos concluir que os dados parecem ter uma distribuição normal, uma vez que seguem de perto a linha diagonal e não parecem ter um padrão não linear.

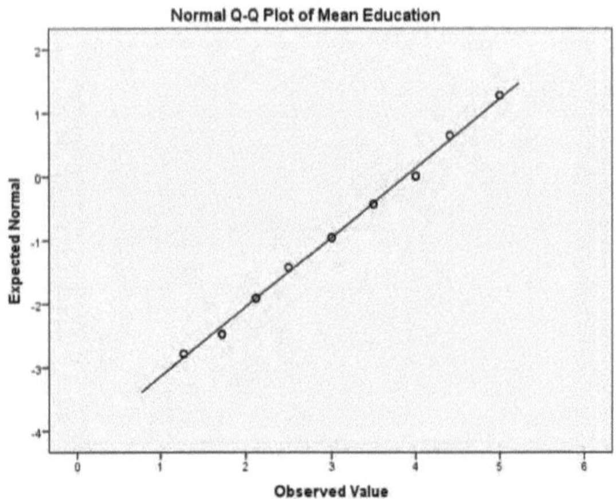

Figura 4.3 Escolaridade média

Observação média

De acordo com a análise do teste de Shapiro-Wilk à normalidade da "Observação Média", o valor Sig. na coluna de Shapiro-Wilk é 0,245, que é superior a 0,05, pelo que podemos concluir que a "Observação Média" para este subconjunto específico de indivíduos tem uma distribuição normal.

Os mesmos dados dos mesmos indivíduos estão agora a ser analisados para produzir um gráfico Q-Q normal, como se segue. A partir deste gráfico, podemos concluir que os dados parecem ter uma distribuição normal, uma vez que seguem de perto a linha diagonal e não parecem ter um padrão não linear.

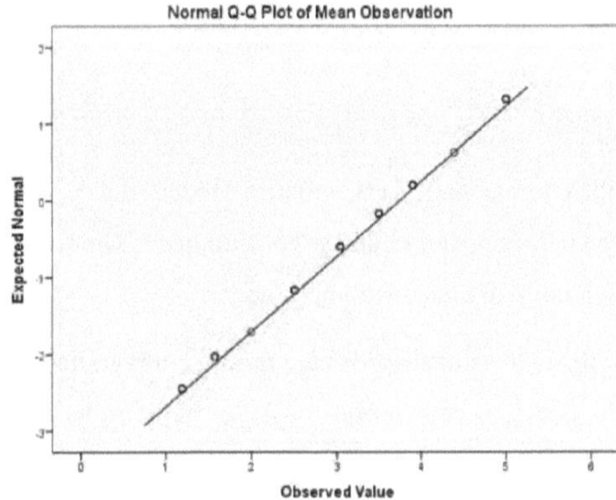

Figura 4.4 Observação média

Ensaio médio

De acordo com a análise do teste de Shapiro-Wilk à normalidade da "Prova Média", o valor Sig. na coluna Shapiro-Wilk é de 0,200, que é superior a 0,05, pelo que podemos concluir que a "Prova Média" para este subconjunto específico de indivíduos tem uma distribuição normal.

Os mesmos dados dos mesmos indivíduos estão agora a ser analisados para produzir um gráfico Q-Q normal, como se segue. A partir deste gráfico, podemos concluir que os dados parecem ter uma distribuição normal, uma vez que seguem de perto a linha diagonal e não parecem ter um padrão não linear.

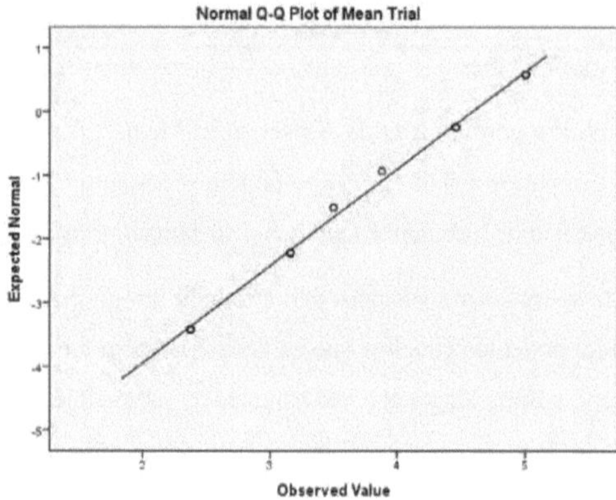

Figura 4.4 Ensaio médio

Confiança média

De acordo com a análise do teste de Shapiro-Wilk à normalidade da "Confiança Média", o valor Sig. em da coluna Shapiro-Wilk é .176, que é superior a 0,05, pelo que podemos concluir que a "Confiança Média" para este subconjunto específico de indivíduos tem uma distribuição normal.

Os mesmos dados dos mesmos indivíduos estão agora a ser analisados para produzir um gráfico Q-Q normal, como se segue. A partir deste gráfico, podemos concluir que os dados parecem ter uma distribuição normal, uma vez que seguem de perto a linha diagonal e não parecem ter um padrão não linear.

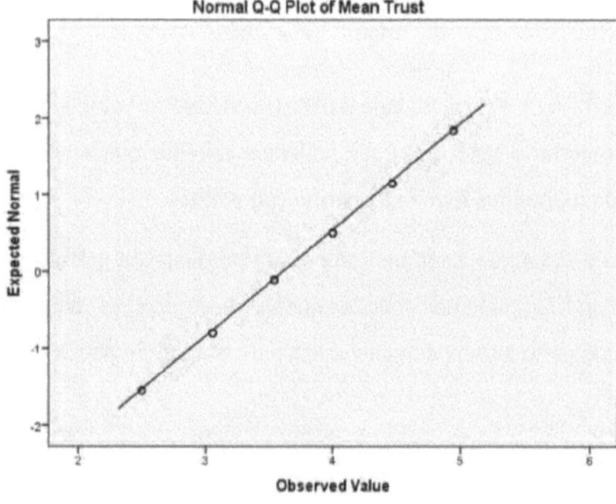

Figura 4.5 Confiança média

Custo médio percebido

De acordo com o teste de Shapiro-Wilk analisado, o valor Sig. na coluna Shapiro-Wilk é de 0,200, que é superior a 0,05, pelo que podemos concluir que o "Custo Médio Apercebido" para este subconjunto específico de indivíduos tem uma distribuição normal.

Os mesmos dados dos mesmos indivíduos estão agora a ser analisados para produzir um gráfico Q-Q normal, como se segue. A partir deste gráfico, podemos concluir que os dados parecem ter uma distribuição normal, uma vez que seguem de perto a linha diagonal e não parecem ter um padrão não linear.

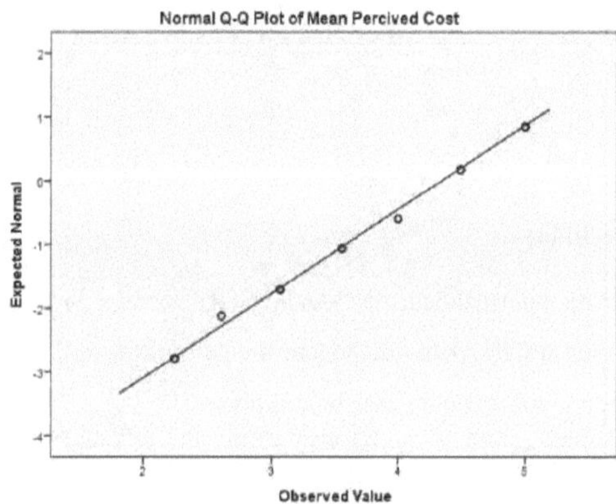

Figura 4.6 Custo médio percebido

Inovação pessoal média

De acordo com a análise do teste de Shapiro-Wilk à normalidade da "Inovação Pessoal Média", o valor Sig. na coluna de Shapiro-Wilk é .267, que é superior a 0,05, pelo que podemos concluir que a "Inovação Pessoal Média" para este subconjunto específico de indivíduos tem uma distribuição normal.

Os mesmos dados dos mesmos indivíduos estão agora a ser analisados para produzir um gráfico Q-Q normal, como se segue. A partir deste gráfico, podemos concluir que os dados parecem ter uma distribuição normal, uma vez que seguem de perto a linha diagonal e não parecem ter um padrão não linear.

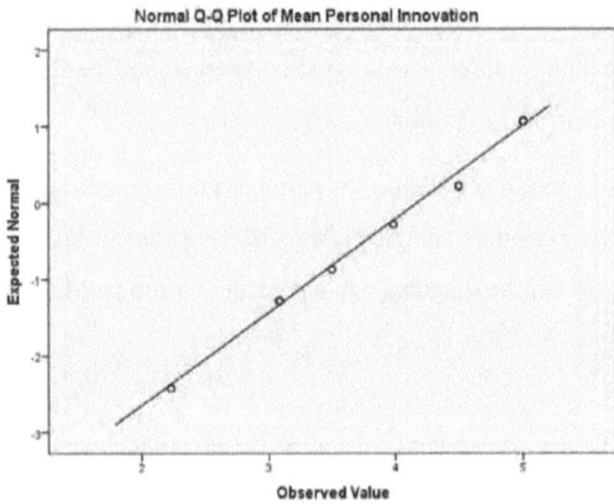

Figura 4.7 Inovação pessoal média

Média PEOU (Facilidade de Utilização Percebida)

De acordo com a análise do teste de Shapiro-Wilk à normalidade da "Mean PEOU", o valor Sig. em da coluna de Shapiro-Wilk é .200, que é superior a 0,05, pelo que podemos concluir que a "Mean PEOU" para este subconjunto específico de indivíduos tem uma distribuição normal.

Os mesmos dados dos mesmos indivíduos estão agora a ser analisados para produzir um gráfico Q-Q normal, como se segue. A partir deste gráfico, podemos concluir que os dados parecem ter uma distribuição normal, uma vez que seguem de perto a linha diagonal e não parecem ter um padrão não linear.

Influência social média

De acordo com a análise do teste de Shapiro-Wilk à normalidade da "Influência Social Média", o valor Sig. na coluna de Shapiro-Wilk é de 0,200, que é superior a 0,05, pelo que podemos concluir que a "Influência Social Média" para este subconjunto específico de indivíduos tem uma distribuição normal.

Os mesmos dados dos mesmos indivíduos estão agora a ser analisados para produzir um gráfico Q-Q normal, como se segue. A partir deste gráfico, podemos concluir que os dados parecem ter uma distribuição normal, uma vez que seguem de perto a linha diagonal e não parecem ter um padrão não linear.

Média da utilidade percebida

De acordo com a análise do teste de Shapiro-Wilk à normalidade da "PU média", o valor Sig. na coluna de Shapiro-Wilk é de 0,276, que é superior a 0,05, pelo que podemos concluir que a "PU média" para este subconjunto específico de indivíduos tem uma distribuição normal.

Os mesmos dados dos mesmos indivíduos estão agora a ser analisados para produzir um gráfico Q-Q normal, como se segue. A partir deste gráfico, podemos concluir que os dados parecem ter uma distribuição normal, uma vez que seguem de perto a linha diagonal e não parecem ter um padrão não linear.

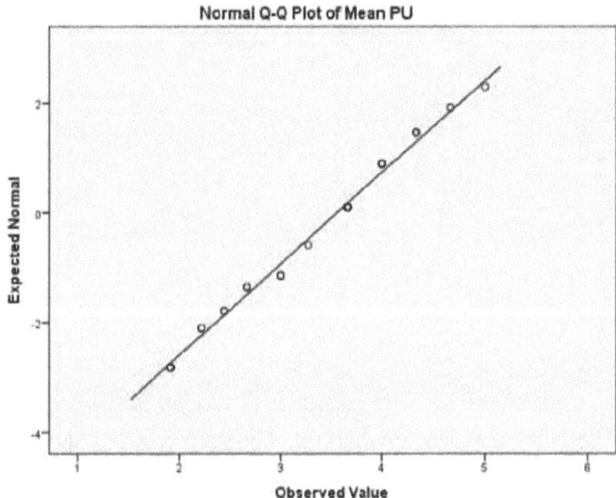

Figura 4.8 Utilidade média percebida

Média de aceitação do M-Commerce

De acordo com o teste de Shapiro-Wilk analisado, o valor Sig. na coluna Shapiro-Wilk é de 0,200, o que é superior a 0,05, pelo que podemos concluir que a "Aceitação média do comércio eletrónico" para este subconjunto específico de indivíduos tem uma distribuição normal.

Os mesmos dados dos mesmos indivíduos estão agora a ser analisados para produzir um gráfico Q-Q normal, como se segue. A partir deste gráfico, podemos concluir que os dados parecem ter uma distribuição normal, uma vez que seguem de perto a linha diagonal e não parecem ter um padrão não linear.

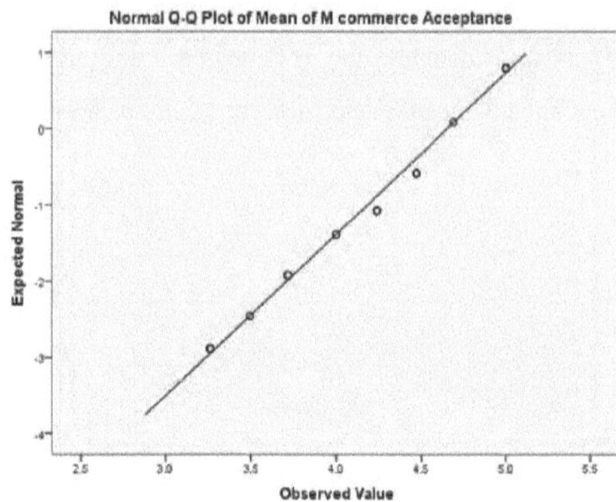

Figura 4.9 Média de aceitação do M-Commerce

4.2.2 Correlação de Pearson

Na análise de dados, é frequentemente analisada a associação de duas ou mais variáveis. Isto deve-se ao facto de os investigadores estarem interessados em saber se as variáveis estão relacionadas e, se estiverem, qual a intensidade da associação. Existem diferentes medidas de associação que também são discutidas dependendo dos dados que estão a ser utilizados.

Sheskin (2007) descreve que as medidas de associação nem sempre são testes estatísticos inferenciais, são medidas estatísticas descritivas que demonstram a força ou o grau de relação entre duas ou mais variáveis. Lewis-Beck (1995) descreve que duas variáveis, A e B, estão associadas quando o valor assumido por uma variável na distribuição da outra variável. A e B são independentes se as alterações de uma variável não afectarem a outra. Lewis-Beck (1995) refere ainda que os coeficientes de correlação têm uma relação monótona com as variáveis. Explicando que a correlação positiva ocorre quando há um aumento na variável "A" se o valor de "B" aumentar. A correlação negativa de "A" ocorre quando o valor de "A" diminui se o valor de "B" aumenta. O coeficiente de correlação produto-momento de Pearson ou r de Pearson é uma medida da correlação linear entre duas variáveis "A" e "B", dando um valor entre +1 e -1, inclusive, em que 1 corresponde a uma correlação positiva total, 0 a nenhuma correlação e -1 a uma correlação negativa total. Como concluímos que os dados do que estão a ser analisados neste quadro são normalmente distribuídos, tal como descrito por Warner (2008), a utilização do método do coeficiente de correlação de Pearson r será a opção adequada.

Para o cálculo do coeficiente de correlação de Pearson e subsequente teste de significância do mesmo, ambas as variáveis devem ser individualmente distribuídas normalmente (o que é uma consequência indireta da normalidade bivariada). Pragmaticamente, o coeficiente de correlação de Pearson é sensível a distribuições enviesadas e a valores atípicos. Uma vez que já provámos que o conjunto de dados tem uma distribuição normal, para verificar a correlação das variáveis, utilizaremos o coeficiente de correlação de Pearson r.

Em relação ao quadro da Figura 4.10, testaremos a correlação de cada variável para compreender cada relação individual. Tal como mencionado no Capítulo 3, utilizaremos o SPSS para calcular e apresentar o r de Pearson. O conjunto de dados das variáveis consiste na média dos dados do inquérito por questionário realizado.

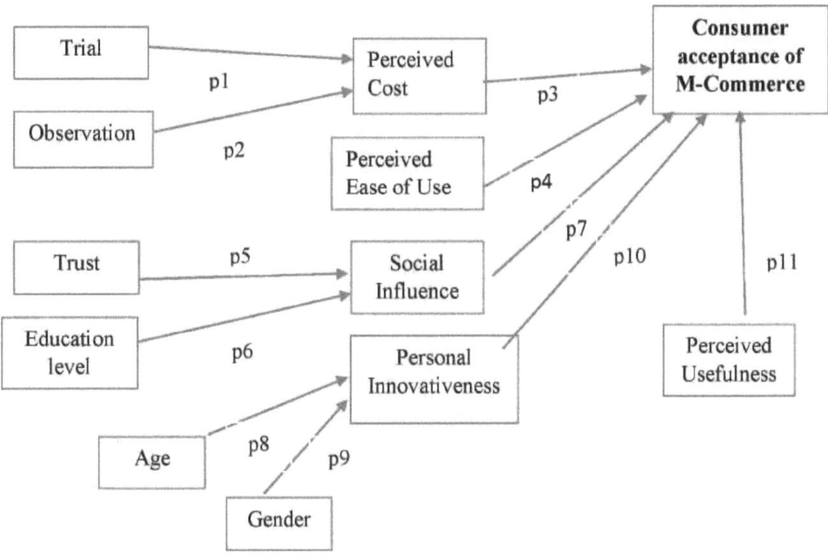

Figura 4.10 Quadro de investigação

4.2.2.1 Ensaio e custo percebido (p1)

Quadro 4.3 Correlação entre o ensaio e o custo percebido

Correlações

		Ensaio médio	Média Percebida Custo
Ensaio médio	Correlação de Pearson	1	.618**
	Sig. (bicaudal)		.000
	N	90	90
Custo médio percebido	Correlação de Pearson	.618**	1
	Sig. (bicaudal)	.000	
	N	90	90

**. A correlação é significativa ao nível de 0,01 (bicaudal).

No que diz respeito ao SPSS, este é o resultado da correlação de Pearson entre a variável do ensaio e o custo percepcionado. O valor r de Pearson destas duas variáveis é de 0,618, o que indica uma forte relação positiva entre a variável de ensaio e o custo percepcionado. O valor significativo é de 0,000, o que indica que, de acordo com Warner (2008), se o valor significativo for inferior ou igual a 0,05, podemos concluir que existe uma correlação estatisticamente significativa entre as duas variáveis. O que significa que aumentos ou diminuições numa variável estão significativamente relacionados com aumentos ou diminuições na sua segunda variável.

Podemos concluir que foi calculado um coeficiente de correlação de Pearson para avaliar a relação entre a tentativa de utilização do comércio eletrónico e o custo percebido. Registou-se uma forte correlação positiva entre as duas variáveis, r = 0,618, n = 90, p = 0,000. Em geral, verificou-se uma correlação forte e positiva entre a experiência de utilização do M-Commerce e o custo percepcionado. O aumento do número de tentativas de utilização do M-Commerce foi correlacionado com o aumento do custo percepcionado.

4.2.2.2 Observação e custo percebido (p2)

Quadro 4.4 Correlações entre o custo percebido e a observação

Correlações

		Média Percebida Custo	Média Observação
Custo médio percebido	Correlação de Pearson	1	.342**
	Sig. (bicaudal)		.001
	N	90	90
Observação média	Correlação de Pearson	.342**	1
	Sig. (bicaudal)	.001	
	N	90	90

**. A correlação é significativa ao nível de 0,01 (bicaudal).

No que respeita ao SPSS, este é o resultado da correlação de Pearson entre a variável de observação e o custo percebido. O valor de Pearson r destas duas variáveis é de 0,342, o que indica uma relação positiva moderada entre a variável de observação e o custo percepcionado. O valor significativo é de 0,001, o que indica que, de acordo com Warner (2008), se o valor significativo for inferior ou igual a 0,05, podemos concluir que existe uma correlação estatisticamente significativa entre as duas variáveis. O que significa que aumentos ou diminuições numa variável estão significativamente relacionados com aumentos ou diminuições na sua segunda variável.

Podemos concluir que foi calculado um coeficiente de correlação de Pearson para avaliar a relação entre a observação da utilização do comércio eletrónico e o custo percebido. Registou-se uma forte correlação positiva entre as duas variáveis, r = 0,342, n = 90, p = 0,001. Globalmente, verificou-se uma correlação positiva moderada entre a observação da utilização do M-Commerce e o custo percepcionado. O aumento da observação da utilização do M-Commerce foi correlacionado com o aumento da perceção do custo.

4.2.2.3 Custo percebido e aceitação do consumidor do comércio eletrónico (p3)

Tabela 4.5 Correlações entre o custo percebido e a aceitação do comércio eletrónico pelo consumidor

Correlações

		Média Percebida Custo	Média de m Comércio Aceitação
Custo médio percebido	Correlação de Pearson	1	.811**
	Sig. (bicaudal)		.000
	N	90	90
Média de m Comércio Aceitação	Correlação de Pearson	.811**	1
	Sig. (bicaudal)	.000	
	N	90	90

**. A correlação é significativa ao nível de 0,01 (bicaudal).

No que diz respeito ao SPSS, este é o resultado da correlação de Pearson entre o custo percebido e a aceitação do comércio eletrónico. O valor r de Pearson destas duas variáveis é de 0,811, o que indica uma relação positiva muito forte entre a aceitação do M-Commerce e o custo percepcionado. O valor significativo é de 0,000, o que indica que, de acordo com Warner (2008), se o valor significativo for inferior ou igual a 0,05, podemos concluir que existe uma correlação estatisticamente significativa entre as duas variáveis. O que significa que aumentos ou diminuições numa variável estão significativamente relacionados com aumentos ou diminuições na segunda variável.

Podemos concluir que foi calculado um coeficiente de correlação de Pearson para avaliar a relação entre o custo percebido da utilização do comércio eletrónico e a aceitação do comércio eletrónico. Registou-se uma correlação positiva muito forte entre as duas variáveis, r = 0,811, n = 90, p = 0,000. Em geral, verificou-se uma correlação positiva muito forte entre a perceção do custo de utilização do comércio eletrónico e a aceitação do comércio eletrónico. Os aumentos do custo percebido da utilização do comércio eletrónico estavam correlacionados com os aumentos da aceitação do comércio eletrónico em .

4.2.2.4 Aceitação do comércio eletrónico pelo consumidor e perceção da facilidade de utilização (p4)

Quadro 4.6 Correlações entre a facilidade de utilização percebida e a aceitação do comércio eletrónico pelo consumidor

Correlações

		Média de m Comércio Aceitação	Média PEOU
Média de m Comércio Aceitação	Correlação de Pearson	1	.450**
	Sig. (bicaudal)		.000
	N	90	90
Média PEOU	Correlação de Pearson	.450**	1
	Sig. (bicaudal)	.000	
	N	90	90

**. A correlação é significativa ao nível de 0,01 (bicaudal).

No que diz respeito ao SPSS, este é o resultado da correlação de Pearson entre a perceção da facilidade de utilização (PEOU) e a aceitação do M-Commerce. O valor r de Pearson destas duas variáveis é de 0,450, o que indica uma forte relação positiva entre a aceitação do M-Commerce e a PEOU. O valor significativo é de 0,000, o que indica que, de acordo com Warner (2008), se o valor significativo for inferior ou igual a 0,05, podemos concluir que existe uma correlação estatisticamente significativa entre as duas variáveis. O que significa que aumentos ou diminuições numa variável estão significativamente relacionados com aumentos ou diminuições na segunda variável.

Podemos concluir que foi calculado um coeficiente de correlação de Pearson para avaliar a relação entre a AEP de utilização do M-Commerce e a aceitação do M-Commerce. Registou-se uma forte correlação positiva entre as duas variáveis, r = 0,450, n = 90, p = 0,000. De um modo geral, verificou-se uma forte correlação positiva entre a AEP da utilização do M-Commerce e a aceitação do M-Commerce. Os aumentos da APEU de utilização do MCommerce estavam correlacionados com os aumentos da aceitação do M-Commerce.

4.2.2.1 Confiança e influência social (p5)

Tabela 4.7 Correlações entre confiança e influência social

Correlações

		Confiança média	Média Social

			Influência
Confiança média	Correlação de Pearson	1	.718**
	Sig. (bicaudal)		.000
	N	90	90
Influência social média	Correlação de Pearson	.718**	1
	Sig. (bicaudal)	.000	
	N	90	90

**. A correlação é significativa ao nível de 0,01 (bicaudal).

No que respeita ao SPSS, este é o resultado da correlação de Pearson entre a confiança e a influência social na utilização do comércio eletrónico. O valor r de Pearson destas duas variáveis é de 0,718, o que indica uma relação positiva muito forte entre a confiança e a influência social. O valor significativo é de 0,000, o que indica que, de acordo com Warner (2008), se o valor significativo for inferior ou igual a 0,05, podemos concluir que existe uma correlação estatisticamente significativa entre as duas variáveis. O que significa que aumentos ou diminuições numa variável estão significativamente relacionados com aumentos ou diminuições na segunda variável.

Podemos concluir que foi calculado um coeficiente de correlação de Pearson para avaliar a relação entre a confiança e a influência social na utilização do comércio eletrónico. Registou-se uma forte correlação positiva entre as duas variáveis, r = 0,718, n = 90, p = 0,000. Em geral, verificou-se uma forte correlação positiva entre a confiança e a influência social na utilização do M-Commerce e a aceitação do M-Commerce. Os aumentos da confiança estavam correlacionados com os aumentos da influência social na utilização do M-Commerce.

4.2.2.2 Nível de educação e influência social (p6)

Tabela 4.8 Correlações entre o nível de educação e a influência social

Correlações

		Média Social Influência	Educação média
Influência social média	Correlação de Pearson	1	.235*
	Sig. (bicaudal)		.026
	N	90	90
Educação média	Correlação de Pearson	.235*	1
	Sig. (bicaudal)	.026	
	N	90	90

*. A correlação é significativa ao nível de 0,05 (bicaudal).

No que diz respeito ao SPSS, este é o resultado da correlação de Pearson entre o nível de educação de um viajante e a influência social na utilização do comércio eletrónico. O valor de Pearson r destas duas variáveis é de 0,235, o que indica uma relação positiva semanal entre o nível de educação e a influência social. O valor significativo é de 0,026, o que indica que, de acordo com Warner (2008), se o valor significativo for inferior ou igual a 0,05, podemos concluir que existe uma correlação estatisticamente significativa entre as duas variáveis. O que significa que aumentos ou diminuições numa variável estão significativamente relacionados com aumentos ou diminuições na segunda variável.

Podemos concluir que foi calculado um coeficiente de correlação de Pearson para avaliar a relação entre o nível de instrução dos trabalhadores pendulares e a influência social na utilização do comércio eletrónico. Registou-se uma correlação positiva semanal entre as duas variáveis, r = 0,235, n = 90, p = 0,026. Em termos gerais, verificou-se uma correlação positiva semanal entre o nível de habilitações e a influência social na utilização do M-Commerce e a aceitação do M-Commerce. Os aumentos do nível de educação foram correlacionados com aumentos da influência social na utilização do M-Commerce.

4.2.2.7 Influência social e aceitação do comércio eletrónico pelo consumidor (p7)

Tabela 4.9: Correlações entre a influência social e a aceitação do comércio eletrónico pelo consumidor

Correlações

		Média Social Influência	Média de m Comércio Aceitação
Influência social média	Correlação de Pearson	1	.359**
	Sig. (bicaudal)		.001
	N	90	90
Média de m Comércio Aceitação	Correlação de Pearson	.359**	1
	Sig. (bicaudal)	.001	
	N	90	90

**. A correlação é significativa ao nível de 0,01 (bicaudal).

No que diz respeito ao SPSS, este é o resultado da correlação de Pearson entre a influência social e a aceitação do comércio eletrónico por parte dos passageiros aéreos. O valor de Pearson r destas duas variáveis é de 0,359, o que indica uma relação positiva moderada entre a influência social e a aceitação do M-Commerce por parte dos passageiros aéreos. O valor significativo é de 0,001, o que indica que, de acordo com Warner (2008), se o valor significativo for inferior ou igual a 0,05, podemos concluir que existe uma correlação estatisticamente significativa entre as duas variáveis. O que significa que aumentos ou diminuições numa variável estão significativamente relacionados com aumentos ou diminuições na segunda variável.

Podemos concluir que foi calculado um coeficiente de correlação de Pearson para avaliar a relação entre a influência social e a aceitação do comércio eletrónico por parte dos passageiros aéreos. Registou-se uma correlação moderadamente positiva entre as duas variáveis, r = 0,359, n = 90, p = 0,001. Em geral, verificou-se uma correlação positiva semanal entre a influência social e a aceitação do M-Commerce por parte dos passageiros aéreos. Os aumentos na influência social foram correlacionados com aumentos na aceitação do M-Commerce por parte dos passageiros aéreos.

4.2.2.8 Idade e capacidade de inovação pessoal (p8)

Tabela 4.10: Correlações entre a idade e a capacidade de inovação pessoal

Correlações

		Idade média	Média Pessoal Inovação
Idade média	Correlação de Pearson	1	-.241*
	Sig. (bicaudal)		.022
	N	90	90
Inovação pessoal média	Correlação de Pearson	-.241*	1
	Sig. (bicaudal)	.022	
	N	90	90

*. A correlação é significativa ao nível de 0,05 (bicaudal).

No que respeita ao SPSS, este é o resultado da correlação de Pearson entre a idade e a capacidade de inovação pessoal. O valor r de Pearson destas duas variáveis é -0,241, o que indica uma relação negativa moderada entre a idade e a capacidade de inovação pessoal. O valor significativo é de 0,022, o que indica que, de acordo com Warner (2008), se o valor significativo for inferior ou igual a 0,05, podemos concluir que existe uma correlação estatisticamente significativa entre as duas variáveis. O que significa que aumentos ou diminuições numa variável estão significativamente relacionados com aumentos ou diminuições na segunda variável.

Podemos concluir que foi calculado um coeficiente de correlação de Pearson para avaliar a relação entre as idades e a capacidade de inovação pessoal. Registou-se uma correlação moderadamente negativa entre as duas variáveis, r = -0,241, n = 90, p = 0,022. Globalmente, registou-se uma correlação moderadamente negativa entre as idades e a capacidade de inovação pessoal. O aumento da idade foi correlacionado com a diminuição da capacidade de inovação pessoal.

4.2.2.9 Género e capacidade de inovação pessoal (p9)

Quadro 4.11 Correlações entre o género e a capacidade de inovação pessoal

Correlações

		Média Pessoal Inovação	Média Género
Inovação pessoal média	Correlação dc Pearson	1	.019
	Sig. (bicaudal)		.856
	N	90	90
Média Género	Correlação de Pearson	.019	1
	Sig. (bicaudal)	.856	
	N	90	90

No que se refere ao SPSS, este é o resultado da correlação de Pearson entre o género e a capacidade de inovação pessoal. O valor r de Pearson destas duas variáveis é de 0,019, o que indica uma relação inexistente ou negligenciável entre as idades e a capacidade de inovação pessoal. O valor significativo é de 0,856, o que indica que, de acordo com Warner (2008), se o valor significativo for superior a 0,05, podemos concluir que não existe uma correlação estatisticamente significativa entre as duas variáveis. O que significa que aumentos ou diminuições numa variável não estão significativamente relacionados com aumentos ou diminuições na segunda variável.

Podemos concluir que foi calculado um coeficiente de correlação de Pearson para avaliar a relação entre o género e a capacidade de inovação pessoal. A correlação entre as duas variáveis foi nula ou insignificante, r = 0,019, n = 90, p = 0,856. Globalmente, uma vez que não existe uma correlação negligenciável nem significativa entre o género e a capacidade de inovação pessoal. Podemos concluir que as duas variáveis não têm qualquer tipo de relação.

4.2.2.10 Inovação pessoal e aceitação do comércio eletrónico pelo consumidor (p10)

Tabela 4.12 Correlações entre a capacidade de inovação pessoal e a aceitação do consumidor do M-Commerce

Correlações

		Média Pessoal Inovação	Média de m Comércio Aceitação
	Correlação de Pearson	1	.682**

Inovação pessoal média	Sig. (bicaudal)		.000
	N	90	90
Média de m Aceitação do comércio	Correlação de Pearson	.682**	1
	Sig. (bicaudal)	.000	
	N	90	90

**. A correlação é significativa ao nível de 0,01 (bicaudal).

No que diz respeito ao SPSS, este é o resultado da correlação de Pearson entre a inovação pessoal (IP) e a aceitação do comércio eletrónico pelos passageiros aéreos. O valor de Pearson r destas duas variáveis é de 0,682, o que indica uma forte relação positiva entre a influência social e a aceitação do comércio eletrónico por parte dos passageiros aéreos. O valor significativo é de 0,000, o que indica que, de acordo com Warner (2008), se o valor significativo for inferior ou igual a 0,05, podemos concluir que existe uma correlação estatisticamente significativa entre as duas variáveis. O que significa que aumentos ou diminuições numa variável estão significativamente relacionados com aumentos ou diminuições na segunda variável.

Podemos concluir que foi calculado um coeficiente de correlação de Pearson para avaliar a relação entre o PI e a aceitação do comércio eletrónico pelos passageiros aéreos. Registou-se uma forte correlação positiva entre as duas variáveis, r = 0,682, n = 90, p = 0,000. De um modo geral, verificou-se uma forte correlação positiva entre o PI e a aceitação do comércio eletrónico por parte dos passageiros aéreos. Os aumentos do IP estavam correlacionados com os aumentos da aceitação do M-Commerce por parte dos passageiros aéreos.

Tabela 4.12 Correlações entre a utilidade pessoal e a aceitação do comércio eletrónico pelo consumidor

Correlações

		Média PU	Média de m Comércio Aceitação
Média PU	Correlação de Pearson	1	.613**
	Sig. (bicaudal)		.000
	N	90	90
Média de m Aceitação do comércio	Correlação de Pearson	.613**	1
	Sig. (bicaudal)	.000	
	N	90	90

**. A correlação é significativa ao nível de 0,01 (bicaudal).

No que diz respeito ao SPSS, este é o resultado da correlação de Pearson entre a perceção de utilidade (PU) e a aceitação do comércio eletrónico por parte dos passageiros aéreos. O valor de Pearson r destas duas variáveis é de 0,613, o que indica uma forte relação positiva entre a PU e a aceitação do M-Commerce por parte dos passageiros aéreos. O valor significativo é de 0,000, o que indica que, de acordo com Warner (2008), se o valor significativo for inferior ou igual a 0,05, podemos concluir que existe uma correlação estatisticamente significativa entre as duas variáveis. O que significa que aumentos ou diminuições numa variável estão significativamente relacionados com aumentos ou diminuições na segunda variável.

Podemos concluir que foi calculado um coeficiente de correlação de Pearson para avaliar a relação entre a PU e a aceitação do comércio eletrónico por parte dos passageiros aéreos. Registou-se uma correlação positiva forte entre as duas variáveis, r = 0,613, n = 90, p = 0,000. Em geral, verificou-se uma forte correlação positiva entre o IP e a aceitação do M-Commerce pelos passageiros aéreos. Os aumentos do IP estavam correlacionados com os aumentos da aceitação do M-Commerce por parte dos passageiros aéreos.

4.2.3 Teste de hipóteses

Para efetuar o teste de hipóteses, existem vários testes que podem ser utilizados. No entanto, os testes ideais devem ser utilizados de acordo com os dados que vai utilizar na sua investigação. Como já provámos que os dados utilizados são dados normalmente distribuídos. Agora é preciso analisar cada variável para ver como a variável independente e a variável dependente vão reagir entre si usando cada hipótese nula. Os dados da investigação são construídos com dados contínuos, pelo que será utilizada a ANOVA (Análise de Variância) para provar o quadro sugerido. Os dados utilizados são adquiridos através de dados do tipo Likert do inquiridor. Boone e Boone Jr (2012) mencionam que, para dados do tipo escala de Likert, pode ser utilizada a ANOVA. Neste caso, a ANOVA será utilizada como outra estatística para analisar o trabalho de enquadramento.

4.2.3.1 Ensaio e custo percebido

Para compreender a relação entre estas duas variáveis, a hipótese nula seria

H0 = Não existe uma relação sustentada entre o ensaio e o custo apercebido.

H1 = Existe uma relação de apoio entre o ensaio e o custo percebido.

A tabela ANOVA prevê a variável dependente de forma significativamente correta. Este facto pode ser explicado através da linha entre grupos e da coluna significativa. Isto indica a significância estatística do resultado. Aqui, $p < 0,0005$, que é inferior a 0,05, o que sugere que a hipótese nula não é verdadeira e indica que, em geral, o modelo ANOVA unidirecional prevê estatisticamente de forma significativa a variável de resultado e sugere uma relação entre as duas variáveis.

Quadro 4.13 ANOVA Ensaio e custo percebido

ANOVA

Custo médio percebido

	Soma de quadrados	df	Quadrado médio	F	Sig.
Entre grupos	21.982	5	4.396	12.765	.000
Dentro dos grupos	28.931	84	.344		
Total	50.914	89			

O rácio F é o rácio de dois valores de quadrados médios. Se a hipótese nula for verdadeira, espera-se que F tenha um valor próximo de 1,0 na maioria das vezes. Um rácio F elevado significa que a variação entre as médias dos grupos é maior do que a esperada por acaso. Isto prova que H1 é verdadeira. Como F= 12,765.

4.2.3.2 Observação e custo percebido

Para compreender a relação entre estas duas variáveis, a hipótese nula seria

H0 = Não existe uma relação sustentada entre a observação e o custo percebido.

H1 = Existe uma relação de apoio entre a observação e o custo percebido.

A tabela ANOVA prevê a variável dependente significativamente bem. Isso pode ser explicado na coluna Between Groups and significant. Esta coluna mostra a significância estatística do resultado. Indica-se que p< 0,0005, que é inferior a 0,05, o que sugere que a hipótese nula não é verdadeira e, de um modo geral, mostra que o modelo de regressão prevê estatisticamente de forma significativa a variável de resultado e sugere uma relação entre as duas variáveis, o que denota que a hipótese nula é inválida e que existe uma relação sustentada entre a observação e o custo percepcionado.

Tabela 4.14 ANOVA Observação e Custo Apercebido

ANOVA

Custo médio percebido

	Soma de quadrados	df	Quadrado médio	F	Sig.
Entre grupos	5.953	1	5.953	11.651	.001
Dentro dos grupos	44.961	88	.511		
Total	50.914	89			

O rácio F é reconhecido como o rácio de dois valores de quadrados médios. Se a hipótese nula for verdadeira, espera-se que F tenha um valor próximo de 1,0 na maioria das vezes. Um rácio F maior significa que a variação entre as médias dos grupos é maior do que a esperada por acaso. Isto prova que H1 é verdadeira, pois F= 11,651.

4.2.3.3 Custo percebido e aceitação do comércio eletrónico nas viagens aéreas

Para compreender a relação entre estas duas variáveis, a hipótese nula seria

H0 = Não existe uma relação sustentada entre a aceitação do M-Commerce no sector das viagens aéreas e o custo percebido.

H1 = Existe uma relação de apoio entre a aceitação do M-Commerce no sector das viagens aéreas e o custo percebido.

A tabela ANOVA prevê a variável dependente de forma significativa. Este facto pode ser explicado na coluna entre grupos e significativo. Esta coluna mostra a significância estatística do resultado. Indica-se que $p < 0,0005$, que é inferior a 0,05, o que sugere que a hipótese nula não é verdadeira e, de um modo geral, mostra que o modelo de regressão prevê estatisticamente de forma significativa a variável de resultado e sugere uma relação entre as duas variáveis, o que denota que a hipótese nula é inválida e que existe uma relação de apoio entre a aceitação do comércio eletrónico nas viagens aéreas e o custo percebido.

Tabela 4.15 ANOVA Custo percebido e aceitação do M-Commerce

ANOVA

Média de M comércio Aceitação

	Soma de quadrados	df	Quadrado médio	F	Sig.
Entre grupos	14.886	6	2.481	41.711	.000
Dentro dos grupos	4.937	83	.059		
Total	19.822	89			

O rácio F é reconhecido como o rácio de dois valores de quadrados médios. Se a hipótese nula for verdadeira, espera-se que F tenha um valor próximo de 1,0 na maioria das vezes. Um rácio F maior significa que a variação entre as médias dos grupos é maior do que a esperada por acaso. Assim, como F= 41,711, isso prova que H1 é verdadeira.

4.2.3.4 Facilidade de utilização percebida (PEOU) e aceitação do comércio eletrónico nas viagens aéreas

Para compreender a relação entre estas duas variáveis, a hipótese nula seria

H0 = Não existe uma relação sustentada entre a aceitação do comércio eletrónico no sector das viagens aéreas e a perceção da facilidade de utilização.

H1 = Existe uma relação de apoio entre a aceitação do comércio eletrónico no sector das viagens aéreas e a perceção da facilidade de utilização.

A tabela ANOVA prevê a variável dependente de forma significativa. Este facto pode ser explicado na coluna entre grupos e significativo. Esta coluna mostra a significância estatística do resultado. Indica-se que p < 0,0005, que é inferior a 0,05, o que sugere que a hipótese nula não é verdadeira e, de um modo geral, mostra que o modelo de regressão prevê estatisticamente de forma significativa a variável de resultado e sugere uma relação entre as duas variáveis, o que denota que a hipótese nula é inválida e que existe uma relação de apoio entre a aceitação do comércio eletrónico no sector das viagens aéreas e a perceção da facilidade de utilização

Tabela 4.16 ANOVA Facilidade de utilização percebida e aceitação do M-Commerce

ANOVA

Média de M comércio Aceitação

	Soma de quadrados	df	Quadrado médio	F	Sig.
Entre grupos	8.038	6	1.340	9.436	.000
Dentro dos grupos	11.784	83	.142		
Total	19.822	89			

O rácio F é reconhecido como o rácio de dois valores de quadrados médios. Se a hipótese nula for verdadeira, espera-se que F tenha um valor próximo de 1,0 na maioria das vezes. Um rácio F maior significa que a variação entre as médias dos grupos é maior do que a esperada por acaso. Assim, prova-se que H1 é verdadeira, uma vez que F= 9,436.

4.2.3.5 Confiança e influência social

Para compreender a relação entre estas duas variáveis, a hipótese nula seria

H0 = Não existe uma relação sustentada entre confiança e influência social.

H1 = Existe uma relação de apoio entre a confiança e a influência social.

A tabela ANOVA prevê a variável dependente de forma significativa. Este facto pode ser explicado na coluna entre grupos e significativo. Esta coluna mostra a significância estatística do resultado. Indica-se que p< 0,0005, que é inferior a 0,05, o que sugere que a hipótese nula não é verdadeira e, de um modo geral, mostra que o modelo de regressão prevê estatisticamente de forma significativa a variável de resultado e sugere uma relação entre as duas variáveis, o que denota que a hipótese nula é inválida e que existe uma relação sustentada entre confiança e influência social.

Tabela 4.17 ANOVA Confiança e influência social

ANOVA

Influência social média

	Soma de quadrados	df	Quadrado médio	F	Sig.

Entre grupos	61.879	5	12.376	28.465	.000
Dentro dos grupos	36.521	84	.435		
Total	98.400	89			

O rácio F é reconhecido como o rácio de dois valores de quadrados médios. Se a hipótese nula for verdadeira, espera-se que F tenha um valor próximo de 1,0 na maioria das vezes. Um rácio F maior significa que a variação entre as médias dos grupos é maior do que a esperada por acaso. Isto prova que H1 é verdadeira, uma vez que F= 28,465.

4.2.3.6 Nível de educação e influência social

Para compreender a relação entre estas duas variáveis, a hipótese nula seria

H0 = Não existe uma relação sustentada entre o nível de educação e a influência social.

H1 = Existe uma relação de apoio entre o nível de educação e a influência social.

A tabela ANOVA prevê a variável dependente de forma significativa. Este facto pode ser explicado na coluna entre grupos e significativo. Esta coluna mostra a significância estatística do resultado. Indica-se que p< 0,0005, que é inferior a 0,05, o que sugere que a hipótese nula não é verdadeira e, de um modo geral, mostra que o modelo de regressão prevê estatisticamente de forma significativa a variável de resultado e sugere uma relação entre as duas variáveis, o que denota que a hipótese nula é inválida e que existe uma relação sustentada entre o nível de educação e a influência social

Tabela 4.18 ANOVA Nível de escolaridade e influência social

ANOVA

Influência social média

	Soma de quadrados	df	Quadrado médio	F	Sig.
Entre grupos	5.421	1	5.421	5.130	.026
Dentro dos grupos	92.979	88	1.094		
Total	98.400	89			

O rácio F é reconhecido como o rácio de dois valores de quadrados médios. Se a hipótese nula for verdadeira, espera-se que F tenha um valor próximo de 1,0 na maioria das vezes. Um rácio F maior significa que a variação entre as médias dos grupos é maior do que a esperada por acaso. Assim, prova-se que H1 é verdadeira, uma vez que F= 5,130.

4.2.3.7 Aceitação do M-Commerce nas viagens aéreas e influência social

Para compreender a relação entre estas duas variáveis, a hipótese nula seria

H0 = Não existe uma relação sustentada entre a aceitação do M-Commerce no sector das viagens aéreas e a influência social.

H1 = Existe uma relação de apoio entre a aceitação do comércio eletrónico no sector das viagens aéreas e a influência social.

A tabela ANOVA prevê a variável dependente de forma significativa. Este facto pode ser explicado na coluna entre grupos e significativo. Esta coluna mostra a significância estatística do resultado. Indica-se que p< 0,0005, que é inferior a 0,05, o que sugere que a hipótese nula não é verdadeira e, de um modo geral, mostra que o modelo de regressão prevê estatisticamente de forma significativa a variável de resultado e sugere uma relação entre as duas variáveis, o que indica que a hipótese nula é inválida e que existe uma relação sustentada entre a aceitação do comércio eletrónico nas viagens aéreas e a influência social

Tabela 4.19 ANOVA M-Commerce em viagens aéreas e influência social

ANOVA

Média de M comércio Aceitação

	Soma de quadrados	df	Quadrado médio	F	Sig.
Entre grupos	8.081	10	.808	5.438	.000
Dentro dos grupos	11.741	79	.149		
Total	19.822	89			

O rácio F é reconhecido como o rácio de dois valores de quadrados médios. Se a hipótese nula for verdadeira, espera-se que F tenha um valor próximo de 1,0 na maioria das vezes. Um rácio F maior significa que a variação entre as médias dos grupos é maior do que a esperada por acaso. Isso prova que H1 é verdadeira, pois F= 5,438.

4.2.3.8 Idade e perceção da inovação

Para compreender a relação entre estas duas variáveis, a hipótese nula seria

H0 = Não existe uma relação sustentada entre a idade e a inovação percepcionada.

H1 = Existe uma relação de apoio entre a idade e a perceção de inovação.

A tabela ANOVA prevê a variável dependente de forma significativa. Este facto pode ser explicado na coluna entre grupos e significativo. Esta coluna mostra a significância estatística do resultado. Indica-se que p < 0,0005, que é inferior a 0,05, o que sugere que a hipótese nula não é verdadeira e, de um modo geral, mostra que o modelo de regressão prevê estatisticamente de forma significativa a variável de resultado e sugere uma relação entre as duas variáveis, o que indica que a hipótese nula é inválida e que existe uma relação de apoio entre a idade e a inovação percepcionada.

Tabela 4.20 ANOVA Idade e Inovação Apercebida

ANOVA

Inovação pessoal média

	Soma de quadrados	df	Quadrado médio	F	Sig.
Entre grupos	3.462	1	3.462	5.436	.022
Dentro dos grupos	56.038	88	.641		
Total	59.500	89			

O rácio F é reconhecido como o rácio de dois valores de quadrados médios. Se a hipótese nula for verdadeira, espera-se que F tenha um valor próximo de 1,0 na maioria das vezes. Um rácio F maior significa que a variação entre as médias dos grupos é maior do que a esperada por acaso. Isto prova que H1 é verdadeira, uma vez que F= 5,436.

4.2.3.9 Género e perceção da inovação

Para compreender a relação entre estas duas variáveis, a hipótese nula seria

H0 = Não existe uma relação sustentada entre o género e a inovação percebida.

H1 = Existe uma relação de apoio entre o género e a inovação percebida.

A tabela ANOVA não prevê a variável dependente de forma significativa. Este facto pode ser explicado na coluna Entre grupos e significativo. Esta coluna mostra a significância estatística do resultado. Indica-se que p> 0,0005, que é superior a 0,05, o que sugere que a hipótese nula é verdadeira e, de um modo geral, mostra que o modelo de regressão prevê estatisticamente de forma significativa a variável de resultado e não sugere qualquer relação entre as duas variáveis, o que indica que a hipótese nula é válida e que não existe qualquer relação entre o género e a inovação percebida.

Tabela 4.21 ANOVA Género e Inovação Apercebida

ANOVA

Inovação pessoal média

	Soma de quadrados	df	Quadrado médio	F	Sig.
Entre grupos	1.963	7	.280	.400	.900
Dentro dos grupos	57.537	82	.702		
Total	59.500	89			

Para provar isto, o rácio F é reconhecido como o rácio de dois valores de quadrados médios. Se a hipótese nula for verdadeira, espera-se que F tenha um valor próximo de 1,0 na maioria das vezes. Um rácio F maior significa que a variação entre as médias dos grupos é maior do que a esperada por acaso. Assim, prova-se que H0 é verdadeira, uma vez que F= 0,4.

4.2.3.10 Aceitação do M-Commerce nas viagens aéreas e inovação pessoal

Para compreender a relação entre estas duas variáveis, a hipótese nula seria

H0 = Não existe uma relação sustentada entre a aceitação do M-Commerce no sector do transporte aéreo e a inovação percebida.

H1 = Existe uma relação de apoio entre a aceitação do comércio eletrónico no sector do transporte aéreo e a perceção de inovação.

A tabela ANOVA prevê a variável dependente de forma significativa. Este facto pode ser explicado na linha de regressão e na coluna significativa. Isto mostra a significância estatística do resultado. Indica-se que p< 0,0005, que é inferior a 0,05, o que sugere que a hipótese nula não é verdadeira e, de um modo geral, mostra que o modelo de regressão prevê estatisticamente de forma significativa a variável de resultado e sugere uma relação entre as duas variáveis, o que denota que a hipótese nula é inválida e que existe uma relação de apoio entre a aceitação do comércio eletrónico nas viagens aéreas e a inovação percebida.

Tabela 4.22 ANOVA M-Commerce em viagens aéreas e inovação pessoal

ANOVA

Média de M comércio Aceitação

	Soma de quadrados	df	Quadrado médio	F	Sig.
Entre grupos	13.701	5	2.740	37.605	.000
Dentro dos grupos	6.121	84	.073		
Total	19.822	89			

O rácio F é reconhecido como o rácio de dois valores de quadrados médios. Se a hipótese nula for verdadeira, espera-se que F tenha um valor próximo de 1,0 na maioria das vezes. Um rácio F maior significa que a variação entre as médias dos grupos é maior do que a esperada por acaso. Isto prova que H1 é verdadeira, uma vez que F= 37,605.

4.2.3.11 Aceitação do comércio eletrónico nas viagens aéreas e perceção da sua utilidade

Para compreender a relação entre estas duas variáveis, a hipótese nula seria

H0 = Não existe uma relação sustentada entre a aceitação do M-Commerce no sector das viagens aéreas e a perceção de utilidade.

H1 = Existe uma relação de apoio entre a aceitação do M-Commerce no sector das viagens aéreas e a utilidade percebida.

A tabela ANOVA prevê a variável dependente de forma significativa. Este facto pode ser explicado na linha de regressão e na coluna significativa. Isto mostra a significância estatística do resultado. Indica-se que p< 0,0005, que é inferior a 0,05, o que sugere que a hipótese nula não é verdadeira e, de um modo geral, mostra que o modelo de regressão prevê estatisticamente de forma significativa a variável de resultado e sugere uma relação entre as duas variáveis, o que indica que a hipótese nula é inválida.

Tabela 4.23 ANOVA M-Commerce em viagens aéreas e utilidade percebida

ANOVA

Média de M comércio Aceitação

	Soma de quadrados	df	Quadrado médio	F	Sig.
Entre grupos	14.817	10	1.482	23.386	.000
Dentro dos grupos	5.005	79	.063		
Total	19.822	89			

O rácio F é reconhecido como o rácio de dois valores de quadrados médios. Se a hipótese nula for verdadeira, espera-se que F tenha um valor próximo de 1,0 na maioria das vezes. Um rácio F maior significa que a variação entre as médias dos grupos é maior do que a esperada por acaso. Isto prova que H1 é verdadeira, uma vez que F= 23,386.

4.3 Discussão dos resultados

Para provar o quadro, foram utilizadas as ferramentas de análise abaixo mencionadas.

• Teste de normalidade de Kolmogorov-Smirnov: para verificar a distribuição normal dos dados utilizados.

• R de Pearson: utilizado para verificar o coeficiente de correlação entre variáveis.

• ANOVA: Para verificar a relação entre as variáveis.

Com a ajuda destes instrumentos, foram efectuadas as análises que se seguem,

Teste de normalidade de Kolmogorov-Smirnov

Muitos testes e procedimentos estatísticos baseiam-se em pressupostos de distribuição específicos. O pressuposto da normalidade é particularmente comum em muitos testes estatísticos clássicos. Grande parte da modelação da fiabilidade baseia-se no pressuposto de que os dados seguem uma distribuição normal.

Com todas as variáveis a provarem significativamente a hipótese nula de que o conjunto de dados utilizado para avaliação tem uma distribuição normal. Assim, a investigação pode utilizar o conjunto seguinte de ferramentas de análise, consoante a distribuição. Tais como Pearson r e ANOVA.

Correlação de Pearson

O coeficiente de correlação produto-momento de Pearson ou r de Pearson é uma medida da correlação linear entre duas variáveis A e B, dando um valor entre +1 e -1, inclusive, em que 1 corresponde a uma correlação positiva total, 0 corresponde a nenhuma correlação e -1 corresponde a uma correlação negativa total. Uma vez que concluímos que os dados que estão a ser analisados neste quadro têm uma distribuição normal (de acordo com o teste de normalidade de Kolmogorov-Smirnov), como descrito por Warner (2008), a utilização do método do coeficiente de correlação de Pearson r será a opção adequada. Os resultados da utilização do coeficiente de correlação de Pearson r podem ser resumidos como se segue.

Tabela 4.24 Resultados resumidos de Pearson r

Variável	Correlação significativa	Relacionamento
Ensaio - Custo Apercebido (p1)	Sim	Forte positivo
Observação - Percebida Custo(p2)	Sim	Forte positivo
Custo percebido - Aceitação pelo consumidor de M-Commerce(p3)	Sim	Muito forte Positivo
Facilidade de utilização percebida - Aceitação do comércio eletrónico pelo consumidor(p4)	Sim	Forte positivo
Confiança - Influência social (P5)	Sim	Forte positivo
Nível de educação - Influência social (p6)	Sim	Fraco Positivo
Influência social - Aceitação pelo consumidor de	Sim	Moderadamente positivo

M-Commerce (p7)		
Idade - Pessoal Capacidade de inovação (p8)	Sim	Moderadamente negativo
Género - Pessoal Capacidade de inovação (p9)	Não	Não ou negligenciável
Inovação pessoal - Aceitação do comércio eletrónico pelo consumidor (p10)	Sim	Forte positivo
Utilidade pessoal - Aceitação do comércio eletrónico pelo consumidor (p11)	Sim	Forte positivo

Estes resultados foram obtidos no Sri Lanka, onde a investigação se centra na aceitação do comércio eletrónico por parte dos passageiros aéreos do Sri Lanka. A partir do resumo acima, a investigação indica que, no quadro de hipóteses, a maioria das variáveis dependentes tem uma relação forte e positiva com as suas variáveis independentes. Destas, duas variáveis precisam de ser discutidas em pormenor. A relação entre a variável independente idade e a variável dependente inovação pessoal revela uma relação moderadamente negativa. Assim, afirma-se que, quando a idade aumenta, a capacidade de inovação pessoal de uma pessoa diminui. Bal, M,et al. (2014) refere que a maioria dos estudos efectuados sobre inovação e idade foram considerados negativos. No entanto, a demografia da investigação determinará o resultado.

De acordo com a correlação de Pearson, a variável independente género e a capacidade de inovação pessoal não têm uma relação negligenciável. Com os dados recolhidos no contexto do Sri Lanka, o género não actua sobre a capacidade de inovação pessoal. Tanto os homens como as mulheres que viajam de avião estão expostos ao mesmo tipo de cenários. Por conseguinte, esta conclusão do resultado é aceitável. Lu Et..al(2003) descreve em associação com esta hipótese .

ANOVA (Análise de Variância)

Nesta investigação, a ANOVA é utilizada para testar a hipótese que concluímos nos objectivos da investigação. Os dados da investigação que foram recolhidos com a utilização do SPSS foram utilizados para concluir sobre os resultados resumidos abaixo.

Tabela 4.25 Resultados resumidos da ANOVA

Variáveis	Significativo	Apoia a relação

Ensaio - Custo percebido	Sim	Sim
Observação - Percebida Custo	Sim	Sim
Custo percebido - Aceitação pelo consumidor de M-Comércio	Sim	Sim
Facilidade de utilização percebida - Aceitação do comércio eletrónico pelo consumidor	Sim	Sim
Confiança - Influência social	Sim	Sim
Nível de educação - Influência social	Sim	Sim
Influência social - Aceitação pelo consumidor de M-Comércio	Sim	Sim
Idade - Inovação pessoal	Sim	Sim
Género - Pessoal Inovação	Não	Não
Inovação Pessoal - Aceitação do Consumidor do M-Commerce (p10)	Sim	Sim
Utilidade pessoal - Aceitação do comércio eletrónico pelo consumidor (p11)	Sim	Sim

De acordo com os resultados, a ANOVA rejeitou a relação entre o género e a capacidade de inovação pessoal. Este facto foi igualmente concluído com a correlação de Pearson.

O resultado final dos resultados pode ser concluído da seguinte forma,

Quadro 4.26 Resumo dos resultados

Hipótese	Resultado
H1: O facto de o indivíduo experimentar o comércio móvel tem um efeito positivo no custo percebido. Quanto mais extensa for a experiência, menor será o impacto no custo percepcionado.	Apoiado no estudo
H2: A observação que o indivíduo faz de outros que efectuam comércio móvel tem um efeito positivo na sua crença sobre o custo percebido. Quanto mais extensa for a observação, menor será o custo percebido.	Apoiado no cstudo
H3: O custo percebido tem um efeito positivo, sendo que quanto menor for o custo percebido, maior será a aceitação do MCommerce por parte dos consumidores.	Apoiado no estudo
H4: A perceção da facilidade de utilização afecta positivamente a aceitação do comércio eletrónico pelo consumidor individual. Quanto maior for a perceção da facilidade de utilização, maior será a aceitação do M-Commerce pelo consumidor.	Apoiado no estudo
H5: A confiança tem um efeito positivo na influência social: quanto maior for a confiança, maior será a influência social na aceitação do consumidor.	Apoiado no estudo
H6: O nível de habilitações literárias da pessoa afectaria positivamente a influência social. Quanto mais elevado for o nível de instrução, maior será a influência social.	Apoiado no estudo
H7: A influência social terá um impacto positivo, sendo que quanto maior for a influência social maior será a aceitação do consumidor no comércio eletrónico.	Apoiado no estudo
H8: A idade dos indivíduos teria um impacto positivo, sendo que, hipoteticamente, uma idade moderada cria uma capacidade de inovação pessoal mais elevada.	Não apoia tem um impacto negativo.
H9: O género dos indivíduos teria um impacto positivo quando, hipoteticamente, o género pode ter um impacto na capacidade de	Rejeitado

inovação pessoal.	
H10: A capacidade de inovação pessoal dos indivíduos terá um resultado positivo, sendo que quanto maior for a capacidade de inovação pessoal, maior será a aceitação do comércio eletrónico pelo consumidor.	Apoiado no estudo
H11: A utilidade percebida pelos indivíduos terá um resultado positivo, sendo que quanto maior for a utilidade percebida, maior será a aceitação do comércio eletrónico pelo consumidor.	Apoiado no estudo

Com os resultados gerados, a H9, que era a hipótese relacionada com o género, devido ao facto de não suportar o pressuposto original, bem como de não ter uma relação forte, foi rejeitada com o resultado da análise. A H8, que era a hipótese relacionada com a idade, não apoiou o pressuposto inicial de uma relação positiva. Com a análise, uma vez que mostrou uma relação forte e, através da correlação, mostrou o impacto negativo. Esta hipótese será reformulada como se a idade individual tivesse um impacto negativo na capacidade de inovação pessoal.

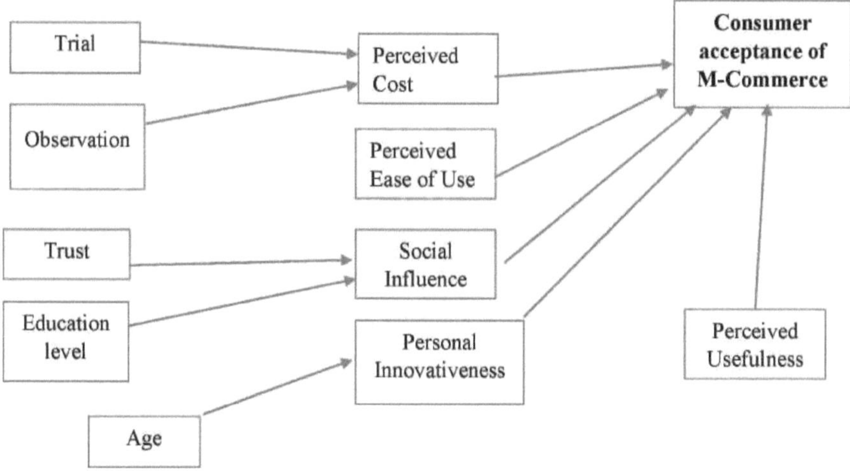

Figura 4.11: Novo quadro comprovado para a aceitação do comércio eletrónico pelo consumidor no sector das viagens aéreas.

Estes resultados-chave da investigação serão discutidos no próximo capítulo em relação aos resultados esperados do objetivo original e dos resultados-chave e em comparação com outras investigações realizadas que cruzam os resultados.

Capítulo 5

Discussão

5.1 Introdução

O tema de investigação desta dissertação "Intenção de aceitação e prontidão do cliente na utilização do comércio móvel no sector das viagens aéreas: A Survey in Sri Lankan Context". E discutirá as seguintes questões de investigação.

1.   Quais são os factores que afectam a aceitação do M-Commerce por parte dos clientes na perspetiva dos fornecedores da indústria aeronáutica do Sri Lanka?

2.   Os consumidores de viagens aéreas do Sri Lanka estão preparados para a adaptação ao comércio eletrónico e ao seu modelo de negócio?

O comércio móvel é ainda um aspeto novo no sector das viagens aéreas do Sri Lanka. Por isso, saber como o cliente reagiria, aceitaria e estaria pronto a utilizar os serviços de viagens do Sri Lanka com base no comércio eletrónico seria uma vantagem adicional para as companhias aéreas, os portos aéreos e outras organizações relacionadas. Durante a realização desta investigação, foram discutidas muitas variáveis que afectam a aceitação do cliente, mas apenas algumas tiveram um impacto importante no contexto geral. Com o inquérito realizado (Anexo 2), foi identificada a principal questão de investigação, ou seja, identificar os factores que afectam a aceitação do comércio eletrónico.

As entrevistas realizadas foram feitas a agentes que estão diretamente em contacto com os passageiros aéreos. Foram entrevistados os agentes de emissão de bilhetes, bem como o pessoal do serviço de apoio ao cliente do aeroporto (em terra). As perguntas das entrevistas são mencionadas no Apêndice 3 e no Apêndice 4. Com base nestas entrevistas, a principal questão de investigação a que se pretendia responder era: os consumidores de viagens aéreas do Sri Lanka estão preparados para a adaptação ao comércio eletrónico e ao seu modelo de negócio? Estas questões serão discutidas em pormenor mais adiante.

5.2 Discussão

Na análise da literatura realizada antes da investigação principal, foram identificados muitos factores que afectam a aceitação do comércio eletrónico. Muitos investigadores bem conhecidos enfrentaram esta barreira para encontrar a solução ideal para a criação de um quadro para a aceitação do comércio eletrónico. Estas investigações não eram específicas do sector, mas generalizadas. Assim, para criar um modelo específico do sector, foram utilizados muitos outros materiais de investigação para identificar os principais factores. E, através do inquérito que foi realizado, provou-se que os factores têm efetivamente um efeito.

Khalifa e Cheng (2002) discutiram que, na sua investigação, investigaram os efeitos da exposição de um indivíduo ao comércio móvel e a sua intenção de o adotar. Esta investigação baseou-se na teoria do comportamento planeado (TPB). Este modelo teórico discutiu alguns dos principais factores, como a experimentação, a observação, a comunicação e a exposição. Khalifa e Cheng (2002) realizaram a sua investigação com base num inquérito a utilizadores de telemóveis que não se envolveram no comércio móvel. Para além dos seus contributos teóricos, este estudo revelou importantes contributos práticos. Assim, obtivemos conhecimentos valiosos sobre o papel da exposição, com os seus diferentes factores ou variáveis.

No contexto do Sri Lanka, factores como a experimentação, a observação, a idade e a confiança são geralmente utilizados na adoção de qualquer novo conceito. Por conseguinte, concluiu-se que seriam os factores ideais a implementar no modelo.

O modelo de Davis (1989), Technology Acceptance Model (TAM), é uma teoria dos sistemas de informação que modela a forma como os utilizadores aceitam e utilizam uma tecnologia. Uma vez que o M-Commerce é uma tecnologia relativamente nova, era necessário discutir a forma como os utilizadores a aceitariam. O modelo sugere que, quando é apresentada aos utilizadores uma nova tecnologia, há uma série de factores que influenciam a sua decisão sobre como e quando a utilizarão. Factores como a utilidade percebida e a facilidade de utilização percebida. A teoria da difusão da inovação de Rogers (1983) foi outro trabalho de enquadramento que discutiu a inovação que é comunicada através de algum tipo de meio de comunicação ao longo do tempo entre os participantes num grupo social. Rogers (1983) propõe que quatro elementos principais influenciam a difusão de um novo conceito: a própria inovação, os canais de comunicação, o tempo e um sistema social. Assim, percebemos que a influência social era outra parte do eco-sistema.

Para encontrar os principais factores-chave, todas estas teorias contribuíram para o efeito. Alguns dos factores que foram discutidos não foram considerados como o tema da investigação sugere, o que acontece no contexto do Sri Lanka. Factores como a utilidade percebida, a facilidade de utilização percebida, a influência social, a inovação pessoal e o custo são os factores mais prováveis que seriam considerados na aceitação do comércio eletrónico. Assim, podemos concluir, com base no trabalho de enquadramento comprovado desta dissertação, que os factores/variáveis sugeridos no quadro afectariam a aceitação do comércio móvel por parte do cliente no sector das viagens aéreas do Sri Lanka.

Alguns destes factores foram sugeridos durante as entrevistas realizadas com os agentes de viagens e o pessoal do serviço de apoio ao cliente no aeroporto. Com a sua influência direta sobre os clientes, surgiram muitas ideias. As principais áreas de consulta dos clientes foram,

1. A vontade do cliente de utilizar o comércio eletrónico nas suas deslocações de avião.

2. As consultas dos serviços de comércio eletrónico no aeroporto para obter informações rápidas e menos interação humana

3. Acesso a informações sobre viagens a toda a hora.

Estas são algumas das áreas que foram discutidas. Se as discutirmos com os factores-chave que identificámos, parece surgir uma tendência em que os clientes estão dispostos a utilizar serviços rápidos e de fácil adaptação. Variáveis como a facilidade de utilização percebida, a inovação pessoal e a influência social deram um número elevado de resultados qualitativos durante o inquérito. No âmbito do próprio inquérito, foram feitas muitas perguntas relacionadas com o MCommerce. Com as empresas móveis a oferecer serviços de pagamento e serviços de reserva (mTicketing, mCash), o Sri Lanka está a avançar rapidamente para a tecnologia do comércio móvel. As empresas privadas de telecomunicações, como a Mobitel e a Dialog, têm um total de assinaturas de 1,5 milhões (Relatório Anual da CBSL de 2012), o que mostra que a utilização de telemóveis aumentou ao longo do período, pelo que se pode concluir que os consumidores de viagens aéreas do Sri Lanka estão prontos para a adaptação ao M-Commerce e ao seu modelo de negócio? A resposta é: sim, estão.

Capítulo 6

Conclusões

6.1 Conclusões

O comércio móvel está a beneficiar de uma evolução no comportamento dos consumidores, bem como de melhorias na tecnologia. Cada vez mais, os consumidores fazem compras em vários dispositivos - computadores de secretária, smartphones e tablets - começando por pesquisar num dispositivo, continuando noutro e, eventualmente, concluindo a transação num terceiro.

Além disso, numa situação de viabilidade económica em que os consumidores se sentem cada vez mais à vontade para utilizar dispositivos móveis para efetuar pagamentos através de actividades quotidianas, não há dúvida de que a tecnologia móvel está a transformar a experiência de viajar. O telemóvel tornou-se um acessório normal para todos os viajantes. Os passageiros confiam na tecnologia móvel para obterem informações instantâneas e ligações às suas redes sociais. As companhias aéreas continuam a introduzir capacidades móveis para melhorar o processamento dos passageiros e o fluxo de informações. A nível mundial, surgiu um conjunto de funções normalizadas para as aplicações móveis das companhias aéreas.

O Sri Lanka, sendo um dos centros globais na região do sul da Ásia, tem um vasto número de oportunidades para apresentar, uma vez que o número de viajantes aéreos aumenta todos os anos. Para cooperar com este aumento, tenho de procurar oportunidades para manter o sistema de ego autossustentável da indústria do transporte aéreo do Sri Lanka. Em termos de viabilidade tecnológica, o Sri Lanka está a avançar na investigação e desenvolvimento do comércio eletrónico. Tendo acesso a muitas empresas líderes no desenvolvimento de software e serviços, temos a capacidade de sustentar qualquer plataforma de comércio eletrónico em qualquer sector. Em todo o mundo, existem tendências comuns nas implementações móveis das companhias aéreas. Estas incluem serviços como o check-in móvel, os cartões de embarque com código de barras 2D (BCBP) e a gestão de itinerários. A nossa investigação revelou que estes serviços estão disponíveis atualmente ou estarão disponíveis na maioria das transportadoras em várias regiões do mundo dentro de 12 meses.

Estes são alguns dos avanços que faltam no contexto do Sri Lanka. Uma das principais razões seria a falta de adaptação dos consumidores do Sri Lanka ao comércio eletrónico. O facto de o M-Commerce ser novo nesta parte do mundo e de ser utilizado nesta indústria é um assunto que precisa de ser abordado. Em todo o mundo, a tecnologia móvel está a transformar o futuro das viagens aéreas. As companhias aéreas não só precisam de acompanhar as expectativas dos passageiros, como também de maximizar a oportunidade única de utilizar a tecnologia móvel para diferenciar produtos, aumentar as vendas e aumentar a fidelidade à marca. Esta investigação criou um quadro de trabalho que permitiria compreender as razões da adaptação, de modo a poder abordar as convicções do consumidor para prestar um melhor serviço no futuro domínio do comércio móvel.

6.2 Recomendações

Os resultados deste estudo mostram uma promessa e um incentivo na adaptação do comércio eletrónico como um avanço estratégico no sector das viagens aéreas. Tendo em conta os resultados que se concluíram, esta investigação pode avançar para diferentes áreas de estudo. Existe uma grande quantidade de investigação que pode ser concluída a este nível. Em termos de adaptação do M-Commerce ao consumidor no sector das viagens aéreas como um todo. Para estudos futuros, podemos investigar as diferentes áreas do sector das viagens aéreas, como o M-Commerce na cadeia de abastecimento das viagens aéreas, o M-Commerce na engenharia das viagens aéreas, etc.

O quadro de trabalho pode ser adotado para facilitar estas áreas no sector das viagens aéreas, de modo a criar um modelo exclusivo. Embora se trate de um contexto do Sri Lanka, creio que, com a investigação correta, este modelo pode ser transformado num quadro aprovado a nível internacional.

Bibliografia

Ajzen, I e Fishbein, M(1980) "Understanding attitudes and prediction Social Behaviour", Englewood Cliffs, NJ: Prentice Hall.

Bal , M,et al. (2014). Aging Workers and the Employee-Employer Relationship. Springer; edição de 2014.

Cho, N., Keum, J. e Han, S. (2007), "A study on factors affecting e-commerce adoption in steel industry. Actas da 10.ª Conferência Internacional da Sociedade de Negócios Globais e Desenvolvimento Económico.

Christou, E. e M. Sigala (2003). Adoção de compras em linha para pacotes de férias: A qualitative investigation. The Asian Waves. K.S. Chon. APac-CHRIE, Seul.

Davis, F.D. (1989), "Perceived usefulness, perceived ease of use, and user acceptance of information technology", MIS Quarterly, Vol. 13 No. 3.

Future travel experience (2014) MOBILE & WEARABLE TECHNOLOGY[online] Disponível em: http://www.futuretravelexperience.com/2014/11/emirates-launches-iphone-app-with-mobile-boarding-pass/#more-19163 [Último acesso em 18 de novembro de 2014].

Foxall, G. (1994). Consumer initiators: both innovators and adaptors. Adaptadores e Inovadores. Styles of Creativity and Problem Solving. M.J. Kirton. Routledge, Londres.

GSM Association (2014) History Of the associalion [Online] Disponível em : http://www.gsma.com/aboutus/history [Último acesso em 18 de novembro de 2014].

Guriting, P., & Ndubisi N.O. (2006). Borneo online banking: Avaliando as percepções dos clientes e a intenção comportamental. Management Research News.

Gitau, L. e Nizuki, D (2014) Análise dos Determinantes da Adoção do Comércio Eletrónico pelos Consumidores Online. *Revista Internacional de Negócios, Humanidades e Tecnologia*. Centro de Promoção de Ideias, EUA. www.ijbhtnet.com.

Sheskin, DJ(2007). "Handbook of Parametric and Nonparametric Statistical Procedures" (Manual de procedimentos estatísticos paramétricos e não paramétricos). 4ª Ed.Boca Raton, FL: Chapman & Hall/CRC;

Lewis-Beck, MS (1995). "Análise de dados: An Introduction". Thousand Oaks, CA: Sage Publications,

Inc.

Future travel experience (2014) MOBILE & WEARABLE TECHNOLOGY[online] Disponível em:

http://www.futuretravelexperience.com/2014/11/emirates-samsung-empower-staff-new-journey-manager-app/#more-18888 [Último acesso em 18 de novembro de 2014].

Khalifa, M. e K.N. Shen, (2008).Drivers for transactional B2C m-commerce adoption: Teoria alargada do comportamento planeado.

KEEN, Peter e MACKINTOSH, Ron (2001) The freedom economy: gaining the M-commerce edge in the era of the wireless Internet, Osborne/McGraw-Hill Publishers.

Kurnia, S., Smith, S.P. e Lee, H. (2006), "Consumers' perception of mobile internet in Australia. e-Business Review.

Liang, T. e Wei, C.P. (2004), Introdução à edição especial: aplicações de comércio móvel. International Journal of Electronic Commerce.

Luarn, P. e Lin, H.H. (2005), "Toward an understanding of the behavioral intention to use mobile banking" (Para uma compreensão da intenção comportamental de utilizar serviços bancários móveis), Computer in Human Behaviour, Vol. 21 No. 6.

Lu, J., Yu, C., Liu, C. e Yao, J. (2003), "Technology acceptance model for wireless internet", Internet Research: Electronic Networking Applications and Policy, Vol. 13.

Masterson, B e Wei, J (2004) Mobile Commerce Opportunities in the Airline Industry. Universidade do Oeste da Flórida.

Mallat, N. e Tuunainen, V.K. (2008), "Exploring merchant adoption of mobile payments systems: an empirical study", e-Services Journal.

Mallat, N. e Tuunainen, V.K. (2008), "Exploring merchant adoption of mobile payments systems: an empirical study", e-Services Journal.

Rogers, E (1983), Diffusion of Innovations, 3ª ed., Nova Iorque: The Free Press, Macmillan Publishing Co,

SAUNDERS, Mark.,et al. (2007). Métodos de investigação para estudantes de gestão. 4ª ed., Pearson Education.

SLTDA(2011) Sri Lanka Tourism development authority annual report[online] Disponível em : http://www.sltda.lk/sites/default/files/Annual Statistical Report-2011.pdf [Último acesso em 18 de novembro de 2014]

Warner, R. (2008). Estatística aplicada: From bivariate through multivariate techniques. Thousand Oaks, CA: Sage Publications, Inc.

Wang, S. & Barnes, S. (2007), "Exploring the acceptance of mobile auctions in China", Actas da

Sexta Conferência Internacional sobre a Gestão das Empresas Móveis, Toronto, Canadá.

Yang, K., (2005). "Exploring factors affecting the adoption of mobile commerce in Singapore", Telematics and Informatics,Vittet-Philippe, P. e Navarro, J.M. "Mobile E-Business (MCommerce): State of Play and Implications for European Enterprise Policy", European Commission Enterprise Directorate-General E-Business Report, No. 3, December 6, 2000. Disponível em: www.ncits.org/ _home/v3htm/ v301008.pdf.

Apêndices

Apêndice 1: Distribuição de frequências das variáveis

Idade:

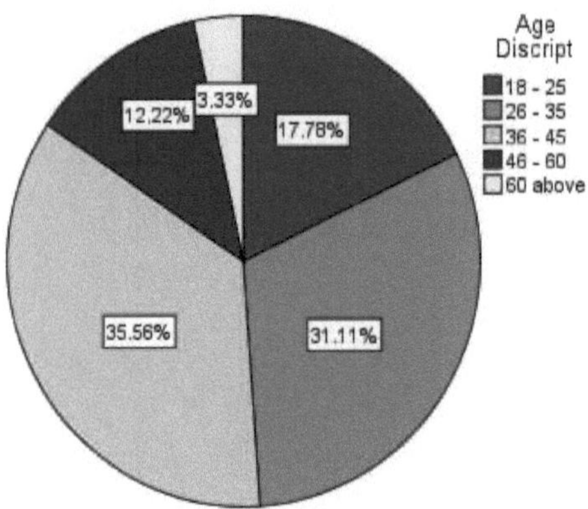

Género:

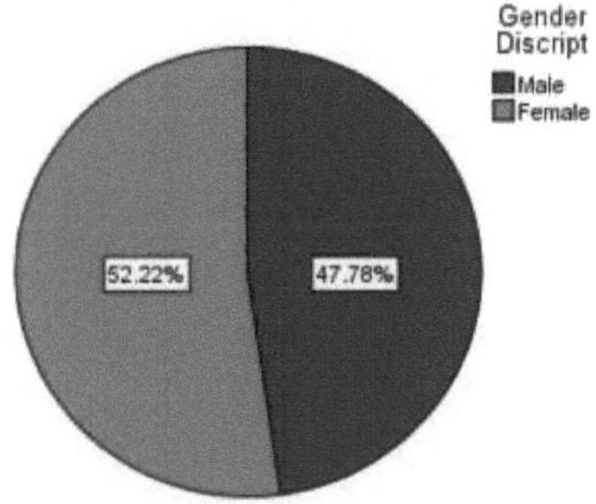

Formação académica:

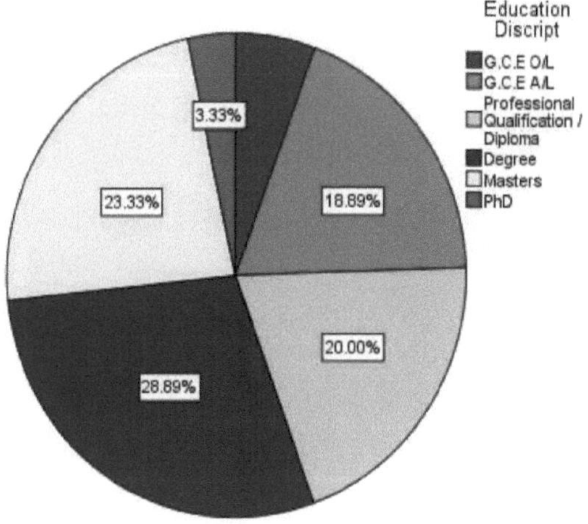

Motivo da viagem:

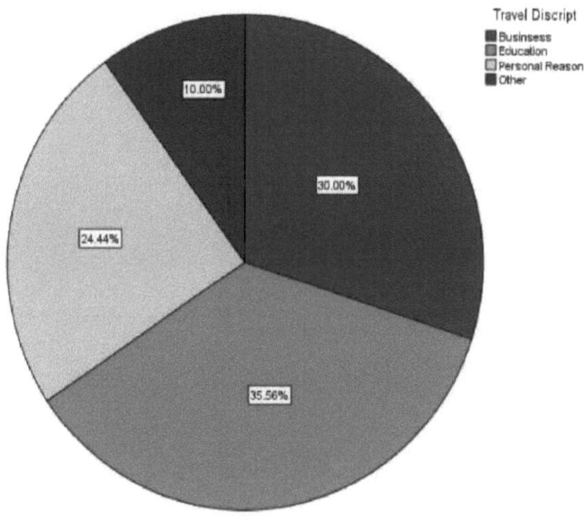

Tempos de viagem anual

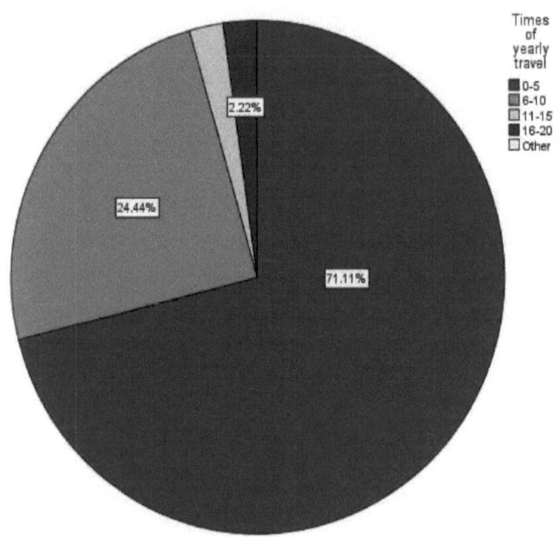

Utilização de telemóvel:

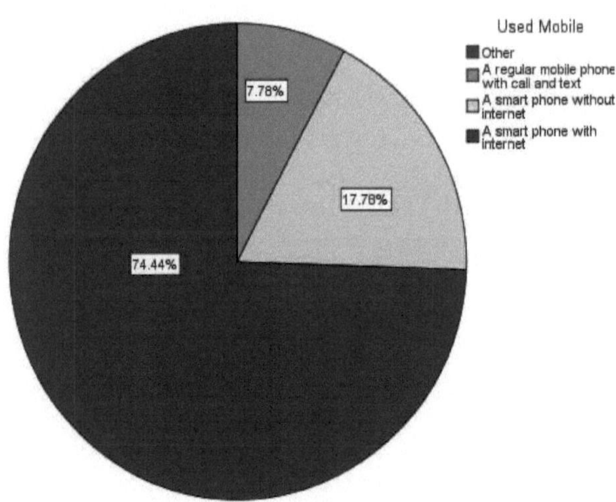

Apêndice 2:

Questionador para viajantes aéreos

Questionador público para o estudo "Intenção de aceitação e prontidão do cliente na utilização do comércio móvel no sector das viagens aéreas - Um inquérito no sector das viagens aéreas"

Muito obrigado por ter tentado responder ao questionário de investigação. Este é para o estudo que efectuei para o meu Mestrado em Gestão da Informação. Por favor, preencha o inquérito utilizando a sua experiência anterior em viagens aéreas.

* Obrigatório

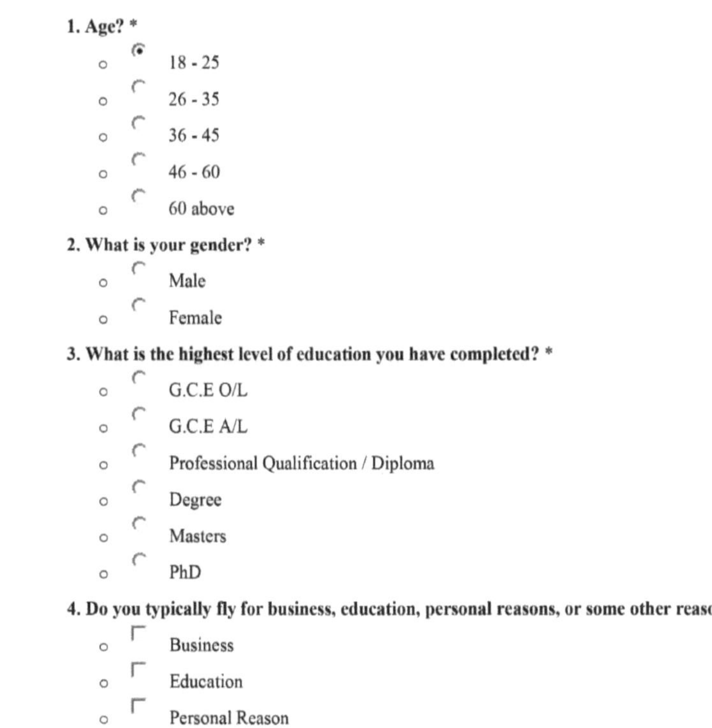

- o   ☐   0-5
- o   ☐   6-10
- o   ☐   11-15
- o   ☐   16-20
- o   ☐   Other:

6. The mobile phone you use?

- o   A smart phone with internet
- o   A smart phone without internet
- o   A regular mobile phone with call and text
- o   Other:

7. I am comfortable using technology in my travel needs. *

Strongly agree	Agree	Neither agree or disagree	Disagree	Strongly disagree
○	○	○	○	○

8. I have various mobile apps which I use in day to day needs. *

Strongly agree	Agree	Neither agree or disagree	Disagree	Strongly disagree
○	○	○	○	○

9. If there is a convenient service for air travel purposes, I would try it out. *

Strongly agree	Agree	Neither agree or disagree	Disagree	Strongly disagree
○	○	○	○	○

10. If there is a convenient M-Commerce service (mobile app etc...) for air travel purposes, I would purchase it. *

Strongly agree	Agree	Neither agree or disagree	Disagree	Strongly disagree
○	○	○	○	○

11. I only use technology recommended by others. *

Strongly agree	Agree	Neither agree or disagree	Disagree	Strongly disagree
○	○	○	○	○

12. I only use technology after I researched on it. *

Strongly agree	Agree	Neither agree or disagree	Disagree	Strongly disagree
○	○	○	○	○

13. I read and find out on innovative information in a regular basis. *

Strongly agree	Agree	Neither agree nor disagree	Disagree	Strongly Disagree
○	○	○	○	○

14. I have used M-Commerce in my air travel. *

Strongly agree	Agree	Neither agree or disagree	Disagree	Strongly disagree
○	○	○	○	○

15. I think M-Commerce is needed in the Sri Lankan air travel industry. *

Strongly agree	Agree	Neither agree or disagree	Disagree	Strongly disagree
○	○	○	○	○

16. I would use services such as air travel agent, the airline or ticketing website to purchase my air ticket. *

Strongly agree	Agree	Neither agree or disagree	Disagree	Strongly disagree
○	○	○	○	○

17. I am up to date of current information regarding airlines and airports *

Strongly agree	Agree	Neither agree or disagree	Disagree	Strongly disagree
○	○	○	○	○

18. I believe in paying additional amount for M-Commerce , if the service is provided quickly.

<table>
<tr><td>Strongly agee</td><td>Agree</td><td>Neither agree or disagree</td><td>Disagree</td><td>Strongly disagree</td></tr>
<tr><td>○</td><td>○</td><td>○</td><td>○</td><td>○</td></tr>
</table>

19. I go through social media platforms and test out new M-Commerce services. *

<table>
<tr><td>Strongly agree</td><td>Agree</td><td>Neither agree or disagree</td><td>Disagree</td><td>Strongly disagree</td></tr>
<tr><td>○</td><td>○</td><td>○</td><td>○</td><td>○</td></tr>
</table>

20. I tend to register to all social network sites and travel related blogs for new technology and social updates *

<table>
<tr><td>Strongly Agree</td><td>Agree</td><td>Neither agree or Disagree</td><td>Disagree</td><td>Strongly disagree</td></tr>
<tr><td>○</td><td>○</td><td>○</td><td>○</td><td>○</td></tr>
</table>

21. I believe that social campaign is best method of communicating technology. *

<table>
<tr><td>Strongly agree</td><td>Agree</td><td>Neither agree or disagree</td><td>Disagree</td><td>Strongly disagree</td></tr>
<tr><td>○</td><td>○</td><td>○</td><td>○</td><td>○</td></tr>
</table>

22. I tend to download and test out all the newly available M-Commerce applications. *

<table>
<tr><td>Strongly agree</td><td>Agree</td><td>Neither agree or disagree</td><td>Disagree</td><td>Strongly disagree</td></tr>
<tr><td>○</td><td>○</td><td>○</td><td>○</td><td>○</td></tr>
</table>

23. I believe in with M-Commerce, we could easily receive a better customer service *

<table>
<tr><td>Strongly agree</td><td>Agree</td><td>Neither agree or disagree</td><td>Disagree</td><td>Strongly disagree</td></tr>
<tr><td>○</td><td>○</td><td>○</td><td>○</td><td>○</td></tr>
</table>

24. I believe age is not a barrier to adopt new technology. *

<table>
<tr><td>Strongly agree</td><td>Agree</td><td>Neither agree or disagree</td><td>Disagree</td><td>Strongly disagree</td></tr>
<tr><td>○</td><td>○</td><td>○</td><td>○</td><td>○</td></tr>
</table>

2

5. I believe gender is not a barrier to adopt new technology. *

Strongly agree	Agree	Neither agree or disagree	Disagree	Strongly disagree
○	○	○	○	○

26. I believe that the Sri Lankan air travel industry require M-Commerce for future developments. *

Strongly agree	Agree	Neither agree or disagree	Disagree	Strongly disagree
○	○	○	○	○

27. I recommend other M-Commerce services or apps to others *

Strongly agree	Agree	Neither agree or disagree	Disagree	Strongly disagree
○	○	○	○	○

28. I have used M-Commerce technology in air travel during my studies. *

Strongly agree	Agree	Neither agree or disagree	Disagree	Strongly disagree
○	○	○	○	○

29. I think it is risky to change in to new technology overnight. *

Strongly agree	Agree	Neither agree or disagree	Disagree	Strongly disagree
○	○	○	○	○

30. I feel that benefits of new M-Commerce technology is grossly overrated. *

Strongly agree	Agree	Neither agree or disagree	Disagree	Strongly disagree
○	○	○	○	○

31. I would use M-Commerce if it was introduced in the Sri Lankan air travel industry. *

Strongly agree	Agree	Neither agree or disagree	Disagree	Strongly disagree
○	○	○	○	○

32. I believe that M-Commerce is mostly used by the Younger generation. *

Strongly agree	Agree	Neither agree or disagree	Disagree	Strongly disagree
○	○	○	○	○

33. I believe that for males in general it would be easy to adopt in to M-Commerce. *

Strongly agree	Agree	Neither agree or disagree	Disagree	Strongly disagree
○	○	○	○	○

34. I believe that education is not a barrier for M-Commerce acceptance in air travel industry. *

Strongly agree	Agree	Neither agree or disagree	Disagree	Strongly disagree
○	○	○	○	○

35. I would like to observe people using M-Commerce in air travel before I use it. *

Strongly agree	Agree	Neither agree or disagree	Disagree	Strongly disagree
○	○	○	○	○

36. Your recommendation in improvements in new technology in Sri Lankan Air Travel industry. *

Appendix 3: Perguntas para entrevistas com o pessoal de atendimento ao cliente do aeroporto

1. Quantos clientes atende por dia?

2. Quanto tempo é necessário para servir um único cliente?

3. Fornecem informações sobre viagens através de outros meios tecnológicos?

4. Considera que os clientes tendem a ter o mesmo conjunto de perguntas relacionadas com viagens e com o aeroporto?

5. Em que medida considera que os clientes estão satisfeitos com os procedimentos normais do serviço aeroportuário?

6. Queixam-se da falta de informação fornecida nos aeroportos relativamente aos seus planos de viagem?

7. Qual é a sua perceção sobre a facilidade de utilização das novas tecnologias pelos seus clientes?

8. Acha que existe uma forma melhor de fornecer informações sobre viagens do que o contacto humano?

9. Pode descrever o cenário ideal para que um cliente seja satisfeito no menor tempo possível utilizando tecnologia inovadora?

10. As suas recomendações para servir o cliente.

Appendix 4:   Perguntas para entrevistas de agentes de viagens aéreas.

1. Quantos clientes atende por dia

2. Quanto tempo é necessário para servir um único cliente?

3. Fornecem informações sobre viagens através de outros meios tecnológicos?

4. Considera que os clientes estão satisfeitos com os procedimentos normais de uma agência de viagens?

5. Acha que ficariam mais satisfeitos se pudessem encurtar o período de utilização do vosso serviço?

6. Considera que os clientes tendem a ter o mesmo conjunto de perguntas relacionadas com as viagens?

7. Os clientes perguntaram sobre os serviços que presta através de outros meios, como o comércio eletrónico ou o comércio móvel?

8. Qual é a sua perceção sobre a facilidade de utilização das novas tecnologias pelos seus clientes?

9. Queixam-se da falta de informação fornecida nos aeroportos relativamente aos seus planos de viagem?

10. Pode descrever o cenário ideal para que um cliente seja satisfeito no menor tempo possível utilizando tecnologia inovadora?

11. As suas recomendações para servir o cliente?

yes
I want morebooks!

Buy your books fast and straightforward online - at one of world's fastest growing online book stores! Environmentally sound due to Print-on-Demand technologies.

Buy your books online at
www.morebooks.shop

Compre os seus livros mais rápido e diretamente na internet, em uma das livrarias on-line com o maior crescimento no mundo! Produção que protege o meio ambiente através das tecnologias de impressão sob demanda.

Compre os seus livros on-line em
www.morebooks.shop

Printed by Books on Demand GmbH, Norderstedt / Germany